아무도 알려주지 않는 장사 이야기

아무도 알려주지 않는 장사 이야기

유치훈 지음

마음세상

양도양수 전문 창업 컨설턴트가 알려주는
'창업하기 전에 미리 알았다면 좋았을 것들'

○ ● ○

어렸을 때 꿈이 없던 제게 운명의 책 한 권이 다가왔습니다. 책을 읽으면서 저자의 삶에 대한 이야기를 보면서 성공하는 것에 있어서 어렸을 때 공부를 못했다는 이유만으로 꿈을 접을 이유는 없다는 걸 알게 됐습니다. 제가 인생 책들을 만나게 된 건 군대였습니다. 당시에 부족했지만 노력해서 성공했던 분들의 이야기를 들으면 저는 심장이 뛰었지만 제가 읽는 책을 보고, 선임들은 당시에 못마땅한 분들도 있었습니다. 대부분 실패하고, 운 좋게 성공한 1, 2명의 사람들만 책을 집필했던 것이기 때문에 실제로는 그렇게 되기 어렵다는 메시지였지만 저의 생각은 달랐습니다. 1, 2명이 내가 되지 않으리라는 법은 없다고 생각했습니다. 왜냐하면 제가 읽은 책의 저자들 중에는 저보다 어린 시절 더 못난 분들도 있었거든요. 저는 그렇게 책을 통해 처음으로 꿈이라는 걸 꿔봤고, 그렇게 저는 눈이 많이 오는 1월에 전역을 하게 됐습니다.

그리고 전역하고, 원하는 꿈을 위해서 일단 휴학을 했고, 저는 바로 돈을 벌어야겠다는 생각으로 편의점에서 야간 아르바이트를 했습니다. 당시에 '쉬는 게 뭐가 중요해!' 라는 생각으로 저는 주7일을 일했습니다. 평일에는 5일을 한 편의점에서 일하고 주말은 다른 편의점에서 일했습니다. 야간으로 일하는 시간이 제게는 행복했습니다. 제가 편의점을 야간으로 일했던 건 간단합니다. 바로 저만의 시간이 있을 거라 생각했거든요. 그리고 무엇보다 일을 하면서 저만의 시간이 있으면서 돈도 버는 게 좋았습니다. 새벽 3시 정도가 되면 정말로 편의점이 고요합니다. 아침 6시가 되기 전까지 번화가에 그렇게 많이 있는 사람들이 어디 갔냐고, 물어볼 정도로 손님이 없었습니다.

그때가 되면 저는 유튜브로 많은 강연 영상들을 줄곧 봤습니다. 제가 즐겨봤던 영상은 스타 강사님들이 나오는 성공에 관련된 다양한 영상들이었습니다. 그리고 영상 속에 나오는 멋진 분들이 성공을 했던 이유는 바로 생각만 하지 않고, 행동하는 것이었습니다. 그래서 저는 제 행동에 대한 이야기를 친구에게 들려줬습니다. 그랬더니 친구가 제게 말하더라고요. "이렇게 원하는 것을 말로만 내뱉지 말고, 편의점에서 일하는 것 그만하고, 6개월 정도 복학까지 시간이 남았으니깐 한번 도전해 보는 게 어때?"

저는 그 말에 용기가 났습니다. 다행히 이모가 수원에 살고 있어서 용기를 낼 수 있었습니다. 그리고 실제로 제가 했던 첫 번째 행동은 서울 강남에 있는 유튜브에 나온 대표님이 주최하는 세미나를 가서 세미나를 듣는 것이었습니다. 저는 강남도 신기했는데 강연을 주최했던 대표님이 계시는 고층 오피스텔도 잊지 못합니다. 강연이 시작될 무렵 오피스텔에서 강남을 바라봤을 때 정말로 멋졌습니다. 그리고 강연이 끝날 무렵 태양이 오피스텔을 집어 삼키는 모습이 저의 심장을 뛰게 했습니다. 그만큼 제게는 장소 역시 끝내줬습니다. 그렇게 강연이 끝나면서 성공한 대표님의 스토리를 감명 깊게 들었고, 이후에 질문시간에 대표님께 질문을 했습니다.

"저는 좋아하는 일을 하고 싶은 마음이 간절합니다. 하지만 부모님은 제가 지금까지 걸어왔던 안정적인 일을 했으면 좋겠다고 하는데 저는 꿈을 위해 걸어가는 게 맞는 건지 아니면 부모님 말처럼 안정적인 일을 하며 살아가는 게 맞는 건지 모르겠습니다."

부모님이 반대하는 일이지만 네가 간절히 원하는 꿈이 있다면 그

걸 하면 부모님 인생도 멋지지만 지금 내 인생을 살 수도 있다는 깨달음을 준 답변은 크게 와 닿았습니다.

그래서 바로 상경했다고, 아르바이트를 하면서 시간을 보낼 게 아니라 제가 좋아하는 일을 해야겠다고 생각을 했습니다. 당시 제가 좋아하는 일자리는 바로 사람을 만나는 일이었고, 그게 바로"영업"이라는 일이어서 영업 일을 할 수 있는 여러 회사들을 알아봤습니다. 하지만 스펙을 보지 않고, 열정만 본다는 영업 회사 수많은 곳에서 나이가 어리다는 이유 그리고 서울에 사는 게 아니라 실제 거주지는 창원이라는 점에서 저를 채용해주지 않았습니다.

그때 제게 일을 할 수 있게 허락해준 곳은 바로 한 창업 컨설팅 회사였습니다. 처음에는 '창업 컨설팅'이 어떤 일인지 전혀 몰랐습니다. 일을 하면서 점점 알게 됐습니다. 양도양수가 주 업무인 회사였습니다. 그럼 양도양수를 잘 해드리기 위해선 돈을 잘 버는 좋은 가게를 많이 알고 있는 게 저의 주 업무였습니다. 처음에는 전화로만 나와져 있는 가게를 조사하고, 가게를 가서 사장님을 만나지는 않고, 가게를 하려는 예비 창업자 분들 위주로만 만났습니다. 그런데 문제는 제가 좋다고 생각하는 가게들이 고객 분들한테는 좋게 보이지 않았습니다. 그래서 계약서를 못 쓰고, 그러다보니 실적이 없어 월급이 없었습니다. 저희 회사는 월급은 없고 인센티브로 돈을 벌어가는 구조였습니다. 그렇게 월급이 없어서 힘들어 하는 도중에 저는 다른 제의를 받았고, 여기서 미래가 보이지 않는다고 판단해서 첫 번째로 저를 취업을 해준 창업 컨설팅 회사를 관뒀습니다.

그러다가 군대에서 아는 형의 권유로 재취업을 했습니다. 일하는 곳은 네트워크 마케팅이라는 회사였는데 실적이 없으면 월급이 없는 곳이었기 때문에 여기서도 보수가 없어서 힘들었습니다. 결국 하면 안 되는 대출까지 받았습니다. 알고 봤더니 다단계였던거죠. 젊은 나이였던 저는 누구보다 힘들었습니다. 대출을 받았던 저는 창원으로 내려갈 수가 없었습니다. 그러다가 다시 일자리를 알아봤고, 알아봤던 회사 역시 창업 컨설팅 회사였습니다. 당시 면접을 봤을 때 저는 회사 이사님께서 해준 이야기가 기억에 남습니다. '정직'이라는 말이었습니다. 이사님께서는 첫 번째도 정직, 두 번째도 정직이라고 제게 말씀해 주었습니다. 그래서 저는 창업 컨설팅 일을 다시 시작했습니다. 그렇게 16년 1월에 취업해서 현재에 이르기까지 긴 세월 창업 컨설팅 일을 하고 있습니다. 신입 때 제게 사장님은 예비 창업자를 만나는 것 보다 장사를 하고 있는 사장님들을 많이 만나는 게 중요하다고 이야기 해줬습니다. 그때부터 저는 가게 사장님을 많이 만났습니다. 지금까지 몇 명을 만났는지 모를 만큼 정말 많은 사장님들을 만나서 양도양수 상담을 드렸습니다. 업종도 다양하게 만났습니다. 운영을 하는 가게라면 거의 다 방문을 했으니까요.

처음에는 가게 사장님을 만나는 게 두려웠습니다. 가게를 손님처럼 방문만 해봤지, 운영하는 점주님을 만난다는 게 처음에는 많이 두려웠습니다. 그 시절 막연히 운영하는 가게들 대부분 장사가 잘 된다고 생각을 했습니다. 그런데 많은 사장님을 만나면서 그렇지만은 않다는 걸 알게 됐습니다. 생각보다 장사가 안 돼서 힘들어 하는 사장님이 많다는 것을 많은 사장님을 만나면서 알게 됐습니다.

그리고 장사가 잘 되는 가게들은 고민이 없는 줄 알았습니다. 하지만 그렇지 않았습니다. 장사를 잘 하고 있는 가게들도 알게 모르게 많은 고민들이 있었습니다. 그렇게 많은 사장님을 만나보면서 느낀 것들이 있습니다. 바로 가게를 할 때 제대로 프로세스를 알려주는 분들이 없다는 것을요. 저희가 일하는 창업 컨설팅 회사도 마찬가지고요. 프랜차이즈 본사도 그렇고요. 다 다르지 않습니다. 가게 사장님은 가게를 한 사람들의 이야기는 어디서 물어볼 수 없습니다. 왜냐하면 주변 지인 중에서 가게를 실제로 하고 있는 분들이 주변에 없으니깐요. 물어볼 수 없으니, 인터넷에 검색하거나 장사를 하는 분들이 개최하는 세미나를 방문해서 듣습니다. 그렇게 마주하는 분들은 대부분 장사를 잘하는 분들만 세미나도 개최하고, 본사에서도 가맹점 유치를 해야 되니, 장사를 잘하는 분들의 이야기만 들려드립니다.

하지만 저는 업계에서 일하면서 많은 사장님을 만나보면서 **장사를 잘하는 분들보다 장사가 안 돼서 힘들어하는 사장님들이 더 많이 있다는 걸 알게 됐습니다.** 그리고 장사가 잘 되어도 많은 금액을 손해보고 가게를 정리하는 사장님들 역시 많이 만났습니다. 저는 정말로 여러 다양한 사장님들을 수없이 만났습니다. 그러면서 이런 생각을 해봤습니다. 시중에 나와져 있는 훌륭한 책도 많이 있지만 저처럼 양도양수를 주로 업으로 하고 있는 창업 컨설선트의 이야기는 많이 없다는 걸 알게 됐습니다. 그래서 저는 많은 사장님을 만나면서 누군가가 이야기를 해줘야 되는 이야기가 있는데 직접적으로 이야기해 줄 사람이 없어서 잘 모르는 상태로 창업해서 힘들어 하는 사장님을 많이 봤습니다. 창업을 하기로 결심한 많은 사장님들은 대부분 장사가 잘 될 것만 생각하고 창업을 합니다. 하지만 창업 세계는 잘 되는 사람보다 장사가 안 되서 큰 금액을 손해보고 정리하는 분들이 많습니다.

반대로 장사가 잘 되는 매장이었는데도 많은 논을 손해보고, 정리하는 사장님들 역시 많았습니다. 정리하는 것도 잘 정리되는 프로세스가 있는데 장사가 잘 되니깐 가게가 나가야 될 시점에 내놓으면 잘 나갈 것이라고 생각했는지도 모르겠습니다. 하지만 장사가 잘 되는 가게도 내놓는다고, 잘 나가는 게 아니라는 것을 많은 사장님들을 보면서 알게 됐습니다. 하지만 대부분 이를 잘 모릅니다. 그 이유는 대부분 가게를 운영하는 분들을 보면 처음 장사를 하는 분들이 8할이기 때문에 그렇습니다. 10명이 창업을 하면 8명은 가게를 처음 해본 분들이 대다수입니다. 그렇기 때문에 장사가 잘되면 당연히 계약이 되는 시점에 잘 정리가 될 거라고 생각했지만 그게 아니어서 많은 돈을 손해보고 정리하는 분들 역시 많았습니다.

장사에는 정말 많은 사람들의 인생사가 담겨 있는 걸 알게 됐습니다. 그래서 제가 현장에서 많은 사장님을 만나면서 '내가 이야기 해줄 수 있는 이야기들이 있지 않을까?' 라고 생각했습니다.

처음에는 두려움으로 가게 사장님들을 만났지만 이제는 누구보다 가까운 사이가 됐습니다. 남들이 봤을 때는 가게를 하고 있는 돈도 잘 버는 멋있는 사장님이라고 생각을 했지만 이제는 알 것 같습니다. 직장에서 일을 하는 사람과 장사를 하는 사람이 다르지 않은 사람이라는 걸요. 장사를 하는 분들은 우리 옆에 살고 있는 평범한 사람입니다. 예전에는 가게 사장님들이 사장이라는 직함 덕분에 높아보였지만 그렇지 않았습니다. 만나다 보면 부모님 같은 분도 있고, 친구 같은 분도 있고, 동생인 분이 있습니다. 평범한 분들입니다. 어렸을 때 부모님은 제게 히어로였습니다. 제가 모르는 걸 다 알고 있는 것 같았습니다. 그래서 저는 나이가 많은 분들은 다 대단하다고만 생각했지만 창업 현장에서는 그렇지 않다는 걸 알게 됐습니다. **나이가 많다고 장사를 잘하는 게 아니었고, 나이가 어리다고 장사를 못하는 게 아니었습니다.** 그때부터는 더 이상 장사를 하는 사장님들이 두렵게만 보이지 않았습니다. 그래서 가게를 하고 있는 사장님들께 더 솔직하게 다가갔던 것 같습니다. 그랬더니 어느 날 제게 가게 사장님께서 이런 말을 하더라고요. 사자성어인데요. "자네를 보면 '망년지교'가 떠오른다."고 하더라고요. 뜻은 나이와 상관없이 친구처럼 지낸다는 말인데요. 그렇습니다. 저는 이제 가게를 운영하는 사장님들을 어렵게 생각하지 않습니다. 저는 나이가 달라도 똑같은 감정을 느끼는 분들이라고 생각합니다. 그래서 오히려 편합니다. 제가 사장님들을 편하게 대하니, 사장님들도 처음 만난 자리에서도 저를 대하는 게 다르다는 걸 느낍니다. 더 이상 저는 사장님들을 어려워하지 않거든요.

이제는 가게 사장님을 만날 때 새로운 고객을 한 분을 만난다는 생각에 기쁩니다. 하지만 대다수의 가게 사장님들을 만나면서 이런 생각이 들었습니다.

'장사를 시작하기 전에 알면 도움될 만한 이야기들이 있는데, 미리 알았다면 지금처럼 이렇게 힘든 상황을 많이 겪지 않았을 텐데.'

'누가 이야기해 주는 분들이 없어서 지금 같은 상황을 겪게 된 게 아닐까?'

장사에 대해서 이야기를 해주는 책은 많습니다. 하지만 관점이 다 다른 것 같습니다. 그래서 저는 제가 많은 사장님들을 만나면서 해드릴 수 있는 **'양도양수 전문 창업 컨설선트'**로서 바라보는 저의 시선에 대한 이야기를 해드리면 좋겠다고 생각했습니다.

창업을 시작하는 분들에게, 그리고 사업을 이미 하고 있는 분들에게 이 책이 확실히 도움이 되었으면 좋겠다는 마음으로 글을 썼습니다. 그럼 제가 바라본 창업에 대한 이야기를 들려드리겠습니다.

PART. 01
창업하기 전에 알아야 할 것

PART 02.
창업을 시작했다면

PART 03.
장사하면서 돈 버는 사장님들 이야기

PART 04.
계약하기 전에 확인해야 될 것

에필로그

PART. 01

창업하기 전에 알아야 할 것

창업은 왜 다들 하는 걸까?

저는 창업 컨설팅 업무를 하기 전에는 창업하는 분들이 이렇게 많이 있을 줄 몰랐습니다. 대부분 영업 회사는 고객이 없다는 말을 많이 합니다. 그래서 고객을 찾아내는 게 어렵다고 합니다. 저도 처음 창업 컨설팅 일을 시작하기 전에는 '가게를 사려는 분은 있지만 반대로 가게를 정리하겠다는 분이 많이 없으면 어떻게 할까?' 라는 생각을 했었는데 그게 아니었습니다. 직접 컨설팅 업무를 해보니, 반대였습니다. 장사를 하겠다는 분들은 많이 없고, 가게를 정리하겠다는 분들이 오히려 이렇게 많을 줄은 몰랐거든요. 하지만 가게를 내놓으시는 사장님들을 보면서 제가 나이가 어려서 잘 몰랐지만, 정말로 우리 주변

에 가게를 하는 분이 이렇게 많이 있다는 것을 많은 사장님들을 만나서 대화를 나누면서 알게 됐습니다.

저는 23살이라는 어린 나이부터 일을 시작했습니다. 주변에 알고 지내는 분들은 학교를 다니면서 대부분 취업을 준비하거나 학업에 매진했습니다. 일찍 일을 하면서 저는 정말로 많은 분들이 창업을 하는 걸 옆에서 지켜보게 되었습니다. 대부분 어떤 이유로 창업을 시작하는지를 창업 컨설턴트로 일하는 제게 물어본다면, 5가지 이유가 대표적으로 많았습니다.

'왜 창업을 하는가?'

1. 직장
"취업이 어려워서 창업을 한다."

대부분은 창업보단 취업을 선호합니다. 그래서 취업을 위해 자격증도 취득하고, 다양한 경험도 쌓습니다. 하지만 취업이라는 게 내가 하고 싶다고 해서 취업을 할 수 없는 게 현실입니다. 그래서 장사를 시작하게 된 분도 많이 봤고, 어떤 분은 취업을 하고 어떠한 계기로 퇴사를 한 뒤에 취업 자리를 다시 알아보려고 하는데 취업이 어렵다는 걸 알게 된 분들이 '그럼 차라리 이렇게 취업만 기다리는 것보단 내 가게를 한 번 해보는 게 어떨까?'라는 생각으로 창업을 준비해서, 장사를 시작했던 분들도 많이 만났습니다.

2. 수입
"회사를 다녀서는 월급이 적다."

누구나 원하는 기업에 입사하기는 어려운 게 현실입니다. 만약 원하는 기업에 들어가지 않았지만 본인 특기를 잘 살려서 내가 다니고 싶었던 기업의 연봉 혹은 그 이상 벌어가는 분들도 있겠지만 대부분은 내가 원하던 기업에서 주는 월급에 비해서 적은 월급을 받고, 회사 생활을 하며 살아가는 게 어려운 게 현실입니다. 혼자 살았을 때는 괜찮다고 생각해서 회사를 다녔는데, 결혼을 해보고 아이를 키우다 보니 월급이 많이 부족하다는 걸 깨닫고, 돈을 더 벌어야 겠다는 생각으로 알아보다가 장사로 돈을 잘 번다는 분들의 이야기를 접하고, 회사를 관두고 창업을 시작하는 분들도 많이 만났습니다.

3. 꿈
"사장이 꿈이다."

어렸을 때부터 가게를 해 보고 싶어 하는 분들도 많이 만났습니다. 그중에는 창업을 시작할 때부터 음식점, 카페, 술집에서 일하며, 매니저 혹은 점장으로 근무하면서 먼 훗날 사장을 꿈꾸며 창업 자금을 모아서 장사를 시작하려는 분들을 많이 만났습니다. 그리고 회사를 다니면서 장사에 꿈꾸는 사람도 생각보다 많이 있습니다. 회사에서 받은 스트레스가 많은 사람들 중에 이제는 직장인으로만 있는 게 아니라 마음 편하게 내 가게에서 일하며, 잘 살아가고 싶어 하는 분들도 많이 있고, 회사 퇴사 시점이 찾아올 때 나이가 있어서 다른 회사를 입사하기가 쉽지 않다는 걸 깨달아서 제 2의 직업으로 창업을 생각하는 분들을 많이 만났습니다. 여러 매체를 보면 은퇴하고 장사해서 힘들어하는 은퇴자들의 이야기가 많이 있지만 늘 그랬듯이 그건 그분이 장사를 못했던 것이며, 나는 장사를 못했던 분들과는 다르게 퇴직 전에 다녔전 직장에서 일을 잘했던 사람이기 때문에 가게를 하면 남들에 비해서 월등히 장사를 잘할 수 있을 거야! 라고 생각하는 분들이 있습니다. 그렇게 다들 다른 위치에서 장사라는 꿈을 갖고 장사에 도전합니다.

4. 가족
"부모님이 차려줬다."

우리 누구나 가족이 있습니다. 누군가의 아들일 수 있고, 자녀한테는 부모님이 있습니다. 예를 들어 자녀가 성인이 되고, 제대로 된 직장을 들어가지 못해서 힘들어 하는 모습을 옆에서 지켜보던 경제적으로 여유가 있는 부모님은 자녀에게 장사를 권유해서 가게를 차려주는 경우도 있었고, 반대로 부모님이 아직 젊은데, 노후를 위해서 경제적으로 여유가 있는 자녀가 부모님의 가게를 차려주는 경우도 많이 봤습니다. 그리고 가족이 동업으로 가게를 운영하는 것 역시 많이 봤습니다.

5. 부업
"남들이 잘 된다니까 나도 해봤다."

직장을 잘 다니고 있다 보면 주변에서 재테크를 하는 분들의 이야기를 접합니다. 유튜브일 수도 있고, 내 옆에 있는 동료일 수 있습니다. 그러다가 동료가 직장을 다니면서 직원들만 운영해서 가게를 하나 하고 있다는 이야기를 듣습니다. 직장에서 버는 돈은 서로가 알고 있는데 옆에 있는 동료가 그리고 방송에 출연한 분들이 장사를 부업이라고 말하며, 몇 백만 원을 벌어간다고 말합니다. 그러면 그 이야기를 들은 내 입장에서 바라봤을 때 나도 가게 운영하면 직장에서 번 돈과 가게로 번 돈해서 수입이 늘어나면 삶이 훨씬 나아지겠다는 생각으로 그 동안 모아놨던 종잣돈을 갖고 창업에 도전하는 분들 역시 많이 만났습니다.

창업에 뛰어드는 사장님들의 대표적인 유형 5가지를 적어봤습니다. 저는 주로 가게를 운영하는 사장님들을 만나는데요. 만나다 보면 공통점인건 다 똑같은 사람이란 걸 알게 됐습니다. 어렸을 때는 가게를 하는 사람은 특별한 사람이라고 생각했었는데, 실제로 많은 사장님들을 만나보니, 그렇지 않다는 걸 알게 됐습니다. 당시에 저는 어린 나이에 창업 컨설팅이라는 일을 시작해서 잘 몰랐지만 정말로 우리 주변에 창업에 도전하는 분들이 이렇게 많이 있다는 걸 일을 하면서 알게 됐고, 특별한 사람들이 아니라 우리 주변에 있는 부모님, 형, 회사 동료, 등 가까이 있는 평범한 사람들이라는 걸 알게 됐습니다.

상권은 어디가 좋은 걸까?

저는 가게 사장님을 만나서 권리금을 받고 가게를 양도하겠다는 사장님들의 매장을 의뢰를 받고, 가게를 창업을 해보고 싶은데 신규 매장은 어렵고 양도양수로 괜찮은 매장이 있는지 물어보는 분들께 매장을 소개해줘서 계약을 해드리는 일을 주로 하고 있습니다.

그렇게 의뢰 받은 가게를 보면 장사가 안 돼서 내놓은 가게도 있지만 반대로 장사가 잘 되는 가게도 의뢰를 받습니다. 상권이 좋다고, 장사가 잘 되는 게 아니고, 상권이 안 좋다고 장사가 안 되는 게 아니라는 걸 알게 됐습니다. 다르게 해석하면 업종마다 맞는 상권이 있고, 나한테 맞는 매장이 있다는 것입니다.

예전에 알게 된 한 대표님은 카페로 큰 실패를 겪었습니다. 카페를 운영하기 위해서 누가 봐도 좋은 자리에 들어갔습니다. 매장은 넓어야 된다고 생각해서 큰 금액을 들였습니다. 유동인구가 많은 누가 봐도 좋은 상권에 카페 창업을 했습니다. 처음에는 장사가 잘 되나 싶었지만 생각보다 문제들이 많았습니다. 매출이 높다고 생각했지만 높은 월세, 관리비 등의 고정비의 부담이 컸습니다. 상권이 좋은 만큼 신규 카페들이 계속 생겨서 경쟁자 때문에 많이 힘들어하셨습니다. 매출이 높아도 나가는 비용이 많아서 감당하기 어려웠던 사장님은 결국 큰돈을 손해보고, 가게를 정리하게 됐습니다. 그래서 제게 적은 금액으로 나와 있는 카페 매물을 물어봤고, 저는 입지는 전에 있었던 곳만큼 좋지는 않지만 사장님이 기대하는 수익을 벌어갈 수 있는 카페를 추천했습니다. 사장님은 검토 후 매장이 나쁘지 않다며 저한테 계약을 해주셨고, 지금도 운영을 잘 하고 계십니다.

사장님이 원하던 건 운영비가 적게 들어가는 카페였습니다. 제가 소개한 매장은 사장님이 처음에 했던 매장보단 평수가 작은 카페여서 월세도 저렴했습니다. 그리고 사장님은 평일에 바쁘게 일하고, 주말에는 좀 쉬어가고 싶은 마음이 강했기 때문에 저는 회사가 밀집해 있는 오피스 상권에서 나와져 있는 카페를 추천해줬고, 그렇게 사장님과 인연이 돼서 계약을 하게 됐습니다. 사장님은 평일 오전 7시부터 일을 시작하고 문을 오후 7시에 닫았습니다. 주말에는 영업을 안 하고 평일에는 인건비를 절약하기 위해 직접 일하면서 스스로 만족할 만한 수익을 가져가며 카페를 운영하게 됐습니다.

반대로 번화가 상권에서 처음부터 장사하는 게 두려웠던 사장님도 있었습니다. 그래서 집 부근에 있는 상가, 입지는 조금 안 좋지만 처음 장사하기가 어렵지 않은 곳에서 창업을 시작했습니다. 해당 매장은 투자금액도 적게 들어가서 부담 없이 운영을 잘했지만 수익이 생각만큼 높지 않아서 다른 분께 가게를 양도했고, 제게 번화가에 수익이 확실한 괜찮은 매장이 있으면 소개해달라고 의뢰하였습니다. 저는 조건이 괜찮은 가게를 사장님께 추천을 드렸습니다.

사장님은 매장에 가서 직접 식사도 해보고, 몇 번 방문해보면서 매장이 나쁘지 않다고 판단했습니다. 그래서 해당 매장을 계약해주셨고, 현재도 꽤 큰 금액을 수익으로 가져가고 있습니다.

이런 경우도 있습니다. 어떤 사장님은 번화가에서 음식점 장사를 하고 있었습니다. 하지만 매번 다른 업체와 경쟁하는 것 때문에 가게를 사겠다는 분이 있으면 권리금을 받고, 양도양수를 했습니다. 그리고 다시 괜찮은 가게를 오픈을 하고 되파는 것을 반복하고 있었습니다. 그러다가 제게 고민 상담을 했습니다. 한 곳에서 오래 일하고 싶은데 어느 지역이 좋을 것 같으냐는 질문을 했습니다. 저는 외곽에 독

채로 있는 가게들 중에 괜찮은 가게를 인수 받는 것을 제안드렸습니다. 그러자 사장님도 괜찮다고 생각해서 현재 남양주에서 가게를 5년 넘게 운영을 하고 있습니다. 그곳에서는 남들과 크게 경쟁하지 않아도 돼서 운영하는 게 편하다고 합니다. 손님들이 카페를 이용하기 전에 사장님께서 운영하는 식당에 식사를 하고, 남양주 카페를 방문하는 경우가 많아서 장사가 잘 된다고 하셨습니다.

하지만 계약한 뒤에 장사가 잘 된 분만 있는 건 아닙니다. 어떤 분은 시장에서 곱창 가게를 운영하고 있었습니다. 시장에서 3대가 운영하는 곱창집이라고 알려져 많은 분들에게 사랑을 받는 가게였습니다. 그런데 가게 사장님이 어느 날 제게 공간이 협소해서 근처에 권리금 저렴하게 가게를 넘기려는 분이 있으면 말해달라고 했습니다. 그래서 저는 근처에서 장사가 잘 안 돼서 힘들어 했던 사장님이 있고, 건물이 완공된 지도 오래 되지 않았으니 자리가 어떤지 물어봤더니, 사장님은 가게 인테리어도 어느 정도 되어 있고, 건물 외관도 나쁘지 않아서 시장에 있는 곱창 집을 정리하고, 새로운 자리에서 곱창 집을 운영하게 되었습니다. 하지만 결과는 나빴습니다. 3대 운영하는 곱창 집은 시장 느낌이 나서 단골이 많았는데, 새롭게 곱창 집을 오픈한 가게는 전보다 훨씬 인테리어도 잘되어 있고, 건물 외관도 좋았지만 손님이 오지 않았습니다.

저는 권리금 양도양수를 해주는 일을 하면서 많은 가게들을 만났습니다. 상권을 답사해 보면, **누가 봐도 좋은 상권이 꼭 장사가 잘되는 것과 직결되는 건 아니라는 걸 알게 되었습니다.** 실제로 제가 언급했던 사장님처럼 소위 유동인구 많은 좋은 상권에 매장을 멋지게 차렸지만 큰돈을 잃어버리는 일이 있습니다. 반대로 처음에 상권이 좋다고 생각하지 않았던 곳에 가게를 차렸지만 오히려 마음 편하게 장사를 하며, A급 상권보다 상대적으로 고정 지출 비용이 적게 들어가서 오히려 수익을 더 많이 가져가는 매장도 있었습니다.

중요한 것은 아이템입니다. 어떤 상권이든 맞는 아이템을 하는 것이 중요합니다. 일을 하면서 누가 봐도 좋은 상권이 무조건 좋은 상권이 아니라는 걸 알았습니다.

상권은 맞는 상권이 있고, 맞지 않는 상권이 있습니다. 월세가 비싸다고 해서 좋은 상권이 아니고, 월세가 저렴하다고 나쁜 상권이 아닙니다. 반대로 누가 봐도 좋은 입지의 상권이라고 해서 다 장사 잘되는 게 아닙니다. 누가 봐도 안 좋은 상권이라고 장사가 안 되는 게 아닙니다. 우선 상권에 대해서는 잘 모르시는 분들도 있기 때문에 상권의 종류와 장단점 부분은 한번 말씀드리면 좋을 것 같아서 상권에 대해서 상세히 알려드리고자 합니다.

Ⅰ. 오피스 상권

오피스 상권은 주변에 직장인 분들이 많이 밀집되어 있는 상권을 말하고, 주요 소비층 역시 직장인 분들이 주를 이루고 있는 상권을 말합니다. 그럼 제가 오피스 상권을 답사를 해보면서 느꼈던 장점을 먼저 이야기 해보겠습니다.

• 오피스 상권의 장점

1. 주말에 쉴 수 있습니다.

회사로 출근하는 분들을 보면 토요일까지는 출근하는 분들이 있지만 일요일은 출근을 하지 않습니다. 그래서 오피스 상권을 가보면 토요일은 영업을 해도 일요일은 영업을 하지 않는 경우가 많습니다. 직장인 분들을 상대로 해서 평일만 장사를 하고, 주말은 쉬어도 매출이 잘 나오는 매장들도 많습니다. 가정이 있는 분들 입장에서는 굉장히 큰 장점이라고 볼 수 있습니다. 이 부분 때문에 많은 분들이 오피스 상권에서 장사를 하려고 합니다. 자영업을 하면 대부분 월화수목금금금을 외칩니다. 이유는 주말이 평일보다 바쁘기 때문이죠. 그래서 대부분 평일에 하루를 쉬더라도 주말은 꼭 출근을 해서 일을 하는 게 보편적이고, 장사를 하는 대다수 사장님들은 사장님이 하루를 쉬지만 가게는 연중무휴로 운영을 하니, 쉬어도 문제가 생기면 출근을 해야 하니, 마음 편히 쉬지 못하는 사장님들이 많습니다. 하지만 오피스 상권은 그렇게 장사를 안 해도 매출이 좋은 가게들이 많기 때문에 평일만 일하는 가게도 있고, 토요일까지 일하고, 아예 문을 닫고 마음 편하게 쉴 수 있어서 일요일만큼은 가족과 시간을 보낼 수 있다는 점이 오피스 상권의 장점입니다.

2. 출·퇴근 시간이 좋다고, 느끼는 분들이 있습니다.

업종에 따라 다르겠지만 늦게 장사를 하지 않아도 매출이 잘 나오는 가게들이 있습니다. 예를 들면 카페 같은 경우는 시작을 다른 카페와 다르게 직장인 분들을 위해 이른 시간에 가게를 오픈합니다. 아침에 오피스 상권을 답사를 해보면 커피 한 잔을 들고 사무실에 들어가는 직장인의 모습이 많이 보입니다. 그래서 오전 6시부터 문을 열어서 주문을 받는 가게들도 있습니다. 대신에 출근 시간이 이른 만큼 퇴근 시간도 다른 가게에 비해서 일찍 문을 닫습니다. 제가 만난 사장님은 오전 6시에 카페 문을 열어서 오후 4시에 손님을 더 이상 받지 않고, 계신 손님들이 다 집을 가면 5시 정도에 퇴근하는 사장님들도 많이 봤습니다. 똑같은 카페가 다른 상권에 있으면 이른 시간에 오픈하지 않고, 보통 10시, 11시에 오픈을 합니다. 그리고 매출이 꾸준히 있기 때문에 대부분은 저녁 10시, 11시까지 영업을 합니다. 그리고 번화가 상권은 평일보다 주말이 바쁘기 때문에 주말에는 무조건 가게 문을 열어야 되지만 직장인이 주 고객으로 형성되어 있는 오피스 상권 같은 경우는 평일에는 일찍 출근해서 일찍 문을 닫는 장점도 있지만 주말에 매출이 높은 번화가 상권과는 다르게 주말에 직장인 분들이 출근을 안 해 매출이 적어서 오히려 주말에 쉬는 분들이 많습니다. 그래서 제가 만난 사장님은 직장에 다녔을 때처럼 출퇴근하고, 직장 다녔을 때처럼 주말에 쉬어도 직장에서 벌었던 소득보다 많이 버는 점에서 오피스 상권에서 장사를 하기 잘했다고 생각하는 분들이 많았습니다.

3. 매출이 고정적으로 일어나고, 경기를 크게 타지 않습니다.

주 고객층이 직장인으로 형성되어있다 보니, 유동인구가 확 늘어나지 않습니다. 고정적인 손님들로 장사를 하다 보니, 매출이 갑자기 확 늘어나지도 않지만 줄어들지도 않는 점은 오피스 상권의 장점이라고 생각합니다. 직장인 분들이 식사를 하기 위해서 식당을 가는데, 보통 날마다 먹고 싶은 메뉴가 다 다르지만 메뉴를 떠올렸을 때 늘 방문했던 매장만 방문을 합니다. 그러다보니, 단골손님으로 매출이 고정적으로 형성될 수 있다는 점은 가게를 하는 입장에서 장점이라고 볼 수 있습니다. 그리고 카페, 식당 같은 경우는 회사가 직원 복지 차원에서 큰 금액을 결제를 먼저해 놓고, 직원들이 식권을 받아서 언제든 이용할 수 있는 복지를 제공하는 부분들이 있는데요 이 부분도 하나의 장점으로 볼 수 있습니다.

그럼 오피스 상권의 장점을 알아봤으니, 오피스 상권의 단점을 말해보겠습니다.

• 오피스 상권의 단점

1. 경쟁이 치열합니다.

오피스 상권을 상담해 보면 장사가 잘 돼서 정리하는 사장님들도 많이 만납니다. 하지만 장사가 잘 되는 분이 있다면 장사가 안 되서 정리하는 사장님들도 있는데, 오피스 상권이 어떻게 보면 상권 범위가 넓지는 않지만 오피스 상권의 장점이 많은 만큼 경쟁이 치열하다는 걸 알 수 있습니다. 실제로 A 건물을 상담을 갔을 때 1층에 커피 전문점만 7개가 있는 걸 보고, 많이 놀랐습니다. 그리고 A건물 옆에 있는 B건물에도 커피 전문점이 5개가 있는걸 보고, 오피스 상권의 장점이 확실히 있는 만큼 확실히 경쟁자도 많다는 걸 알게 됐습니다. 그만큼 경쟁이 치열합니다. 오피스 상권 지하를 들어가서 식당가를 보게되면 마찬가지입니다. 한 건물에 식당이 10개, 20개가 모여져 있고, 옆 건물에도 식당들이 많이 모여져 있습니다. 점심에 식사를 하는 직장인의 수는 정해져 있는데 비해서 정말로 많은 매장들이 있고, 그분들이 다 경쟁 상대이다보니, 실력 없는 상태로 오면 큰 코 다치는 상권인 것은 확실하다는 걸 알 수 있습니다.

2. 월세와 권리금이 비쌉니다.

장사가 잘되고, 주말에 쉴 수 있다는 장점이 있기 때문에 많은 사람들이 오피스 상권을 선호하는 게 사실입니다. 그러다 보니 자연스럽게 월세가 높아졌습니다. 그리고 사람들이 많이 찾는 식당가는 장사가 안 되더라도 상권이 좋게 형성이 되어 있어서 권리금이 비싸게 형성이 되는 부분이 있을 수 있기 때문에 그 점 때문에 가게를 구하는분 입장에서는 월세와 권리금이 부담으로 느껴질 수도 있지 않을까? 라는 생각을 해볼 수 있을 것 같습니다.

3. 저녁에 손님이 없고, 주말 장사를 하지 못합니다.

장사를 일주일 내내 해서 매출을 폭발적으로 일으키는 가게들이 존재합니다. 어떤 상권을 가보면 주말 매출이 높아서 평일 매출이 적은걸 상쇄시켜서 매출이 확 높아지는 매장들이 많이 있다는 걸 알 수 있는데요. 반대로 직장인으로 주로 형성이 되어 있는 가게를 보면 점심에는 장사가 잘되지만 오히려 퇴근하고 저녁식사는 집에서 식사하는 경우가 많아서 저녁에는 매출이 적은 가게들이 많아서 일찍 퇴근할 수 있는 건 장점이지만 단점일 수도 있습니다. 그리고 평일에 매출이 부족한 부분을 다른 상권 사장님들은 주말에 매출을 채운다면 오피스 상권 같은 경우는 평일에 매출이 다 채워지기 때문에 주말에 매출을 더 채우기가 힘든 부분이 있습니다. 평일에 오피스 상권에 맞는 시간에 매출이 잘 나오는 가게들은 괜찮지만 그렇지 않은 가게들은 저녁에 손님이 없고, 주말 역시 손님이 없어서 장사를 못하는 게 단점이 될 수 있습니다.

II. 항아리 상권

항아리 상권은 상권 중심으로 아파트로 둘러싸여 있는 상권을 말합니다. 상권이 여러 갈래로 나눠져 있는 게 아니라 중심에 몰려 있다 보니, 아파트에 거주하는 분들이 상권 중심에서 주로 소비를 하는 상권을 항아리 상권이라고 말합니다. 그럼 항아리 상권의 장점을 이야기 해보겠습니다.

· 항아리 상권의 장점

1. 고객 층이 형성되어 있습니다.

항아리 상권은 대체적으로 손님들이 타 지역으로 이동하지 않고, 집 근처에 이용할 수 있는 편의 시설이 다 갖춰져 있기 때문에 소비가 중심으로 밀집 되는 장점들이 있습니다. 주변에 대단지 아파트로 형성이 되어 있어서 수요가 외부로 나가지 않고, 안정적으로 점포 운영이 가능한 덕분에 한 곳에서 오랜 기간 장사하시는 분들도 많은 게 항아리 상권의 장점입니다. 고객들은 만약 상권이 흩어져 있으면 오히려 내가 있는 근처 상가에서 소비를 안 할 수도 있지만 항아리 상권은 중심에 매장들이 다 몰려 있기 때문에 병원을 가면서 다른 소비를 자연스럽게 하는 고객층이 형성되어 있는 장점이 있습니다.

2. 불황에 강한 상권입니다.

경기가 좋지 않으면 소비는 위축되지만 편의시설은 이용을 해야 됩니다. 그래서 집 주변에 있는 상가를 이용할 수밖에 없기 때문에 경기가 안 좋다고 해도 소비력이 있습니다. 예를 들면 학원을 가야 되는 사람들이 있고, 은행 업무를 봐야 되는 사람이 있고, 미용실을 이용해야 되는 사람들이 있고, 마트를 가야 되는 사람들이 있습니다. 이렇듯 상업 시설을 이용을 하면서 식사를 하고 오는 분이 있고, 커피숍을 이용하는 분들이 있다 보니, 불황에도 꾸준히 소비력이 있는 상권이 항아리 상권이라고 볼 수 있습니다. 팬데믹 때 사회적 거리두기가 시작하면서 오프라인 매장 결제 건수가 전년 대비 6.9% 감소했지만 집 주변의 가맹점 거래 건수는 8.0% 증가 했다는 걸 보면 불황에 강한 상권인 걸 알 수 있습니다.

그럼 항아리 상권의 단점은 어떤 게 있을까요?

• 항아리 상권의 단점

1. 신규 유입이 어렵습니다.

고정적으로 소비해주는 소비층이 탄탄한 게 항아리 상권의 매력이지만 반대로 고정적으로 소비해주는 고객만 있다는 건 단점입니다. 항아리 상권도 종류가 다양합니다. 역세권 앞에 있는 항아리 상권은 교통편이 편리하다는 목적으로 주변 지인 분들을 우리가 있는 동네 항아리 상권으로 부르지만 대부분의 항아리 상권은 상권이 크지가 않고, 교통편이 불편하다 보니, 주민으로는 이용을 하지만 약속 장소는 다른 곳으로 교통이 편리한 곳으로 약속을 잡는 경우가 있습니다. 그래서 신규 유입이 어렵습니다. 그러다 보니, 항아리 상권에 거주하고 있는 분들만 소비하는 상권이다 보니, 이 부분이 장점이자 단점이라고 말씀드릴 수 있습니다.

2. 경쟁이 치열합니다.

장기적으로 봤을 때 매출이 어느 정도 유지가 되면 신규 고객으로 매출이 늘어나면 좋겠지만 소비하는 분들이 정해져 있기 때문에 매출은 더 이상 증가하지 않는데, 만약 경쟁 업체가 새로 들어올 경우에는 매출 감소가 될 수 있다는 점은 단점이라고 볼 수 있습니다.

III. 대학가 상권

주 고객층이 대학생으로 소비력이 형성되어 있는 상권이라고 보면 됩니다. 그럼 대학가 상권의 장점은 어떤 게 있을까?

• 대학가 상권의 장점

1. 소비력이 좋습니다.

대학교 상권을 가보면 20대 초반의 소비를 하는 학생들도 많이 있지만 그렇지는 않습니다. 실제로 대학가 상권에 가보면 상권 자체가 잘 형성이 되어 있어서 많은 분들이 소비력이 받쳐주고 있는 게 장점인 상권입니다. 경기가 위축되면서 소비를 하는 분들이 많이 줄었지만 가게 사장님들을 만나면서 대학교 앞은 다른 동네와는 다르게 젊은 층이 상대적으로 많아서 그런지 소비력이 좋다는 말씀을 많이 합니다. 하지만 주 고객층이 젊은 분들로 이뤄진 것은 단점으로 작용하기도 합니다. 그럼 단점에 관해서도 이야기 해보겠습니다.

• 대학가 상권의 단점

1. 방학, 시험기간이 있습니다.

대학가 상권의 장점은 학기 중에 소비력이 뒷받침이 된다는 부분에서는 장점입니다. 하지만 방학이 되면 자연스럽게 소비가 멈추기도 합니다. 그리고 시험기간에도 공부를 해야 되기 때문에 삼삼오오 모여서 소비를 하는 소비층이 적어지는 건 단점입니다.

※ 대학가 상권 주의할 점

대학가 상권이 나쁘지 않지만 요새는 기억해야 될 게 있습니다. 예전에는 대학교의 학생 수가 많았던 만큼 대학교 상권이 웬만해서는 장사가 잘 됐던 장점이 있었습니다. 하지만 현재 대학교를 보면 모집 정원에 비해 줄어드는 학생 수가 많은 게 현실입니다. 이렇듯 학생 수가 줄어드는 학교의 경우는 대학가 상권의 큰 타격으로 올 수 밖에 없습니다. 그래서 대학가 상권을 계약할 때는 이 부분을 유의해서 창업해야 된다는 말씀을 드리고 싶습니다. 이왕이면 대학교가 있으면서 상권도 잘 형성이 되어 있는 곳에 창업을 하는 게 좋겠죠?

Ⅳ. 번화가 상권

번화가 상권은 역 주변으로 유명 프랜차이즈, 백화점, 옷가게 등등 많은 점포들이 밀집되어 있어서 평일에도 주말에도 소비층이 꾸준히 발생되는 상권을 말합니다. 대부분 전철역에 내려서 밖으로 나오면 큰 상권이 형성되어 있다는 걸 바로 알 수 있는 상권을 번화가 상권이라고 합니다. 그럼 번화가 상권의 장점과 단점은 어떤 게 있는지 한번 알아보도록 하겠습니다.

· 번화가 상권의 장점

1. 대중교통으로 오기가 편합니다.

우리가 알고 있는 대표적인 번화가 상권들이 있습니다. 번화가 상권으로 많이 알려져 있는 곳들은 대중교통으로 오는 게 어렵지 않게 잘 갖춰져 있는 모습을 많이 볼 수 있습니다. 어느 동네에 있어도 대표적인 번화가 상권으로 지하철로 가기가 어려운 분들도 좌석버스를 이용하면 편하게 올 수 있는 장점들이 있습니다. 그리고 만나는 장소가 집 주변이면 누군가에게는 먼 거리일지 모릅니다. 하지만 대표적인 번화가 상권 강남에서 만난다고 하면 남양주, 의정부에 계신 분들도 오기가 부담스럽지 않고, 반대로 집이 화성시 평택시에서도 시간 내서 오기가 부담스럽지 않습니다. 그런데 반대로 이렇게 거리가 먼 곳에 지인 분이 있는데 평택에서 남양주까지 가기는 부담스러워 하시는 분들도 있다 보니, 만남의 장소로 편합니다. 그리고 예를 들어서 지역에 거주하는 분들도 보면 지인 분들을 만날 때 대표적인 번화가 상권에 서로가 이용하고 싶어 하는 점포들이 다 밀집되어 있다 보니, 만남의 장소로 대부분 지역에 있는 번화가 상권에서 약속을 잡고 만납니다. 지역에 있는 대표적인 번화가에는 사람들이 많이 이용을 하는 만큼 대중교통으로 오기가 편리하다는 장점이 있습니다.

2. 평일과 주말 고객이 많이 유입됩니다.

집 주변에 있는 상권을 놀기 위해서 이용하는 분들보다는 편의시설을 이용하면서 소비가 형성되는 곳들이라면 번화가 상권은 누군가를 만나기 위해서 꾸미고 와서 소비를 목적으로 오는 동네라고 볼 수 있습니다. 처음부터 만남의 목적이 있습니다. 영화를 보기 위해서 만날 수도 있고, 쇼핑을 하기 위해서 만날 수도 있습니다. 그러다보니, 자연스럽게 소비력이 뒷받침이 되는 상권입니다. 그리고 평일에도 사람이 많아서 평일에도 장사가 잘 되는 경우도 있지만 주말에는 평일보다 매출이 그 이상으로 잘 나오는 상권이기도합니다. 그만큼 유동인구가 풍부한 상권이기 때문에 장사가 잘 되는 가게들 중에는 높은 매출을 일으키는 가게들 역시 번화가 상권에 많이 있다고 보시면 좋습니다.

• 번화가 상권의 단점

1. 높은 임대료.

인기 많은 상가들이 많이 밀집되어 있고, 소비력이 있는 상권입니다. 보통 집 주변에서는 돈을 잘 안 쓰려는 분들도 번화가 상권을 왔을 때는 집 주변에 있는 상가에서 소비를 할 때와는 다르게 충동적으로 소비를 더 하는 경향들이 있고, 한 분의 소비력이 적어도 유동인구가 많이 흐르기 때문에 대부분 좋은 상권으로 기억하고 있습니다. 그래서 상권이 좋은 만큼 월세를 많이 받을 수밖에 없습니다. 하지만 장사할 때 제일 부담스러운 것은 월세인데 월세가 높다면 상권이 좋아도 단점으로 볼 수 밖에 없습니다.

2. 주차가 힘듭니다.

번화가 상권의 단점은 주차가 불편하다는 겁니다. 일반적인 집 주변으로 형성되어 있는 상권의 경우는 매장을 이용하는 분들이 편리하게 이용할 수 있는 주차 시설을 잘 갖춘 점포들이 많이 있습니다. 하지만 번화가 상권은 대부분 해당 점포를 이용한다고 해서 주차를 제공해줄 수 없는 곳들이 많습니다. 그래서 유료 주차장을 이용하는데 특히 주말 같은 경우는 유동인구가 워낙 많기 때문에 주차비를 내고, 주차를 하려고 해도 주차 자리가 없어서 힘들어 하는 분들도 있습니다.

3. 유행에 민감합니다.

유동인구가 풍부하고, 인기 프랜차이즈가 많다는 말은 그만큼 경쟁자가 많다는 이야기입니다. 실제로 번화가 상권을 가보면 매 년 많은 가게들이 폐업하고, 새롭게 오픈하는 가게들이 많다는 걸 알 수 있습니다. 이렇듯 많은 점포들이 생기고, 빠르게 다른 브랜드로 바뀌는 것을 보면 경쟁도 치열하고, 유행에 민감하다는 걸 알 수 있습니다. 신규로 오픈하는 매장들도 많이 있다 보니, 내가 운영하는 매장 역시 오래 됐다면 오래된 옛날 브랜드를 유지하기 보단 나 또한 새로운 브랜드로 오픈할 수 밖에 없다는 이야기일 수도 있습니다. 그래서 번화가 상권은 유행에 민감한 부분이 단점으로 볼 수 있다는 생각이 듭니다.

V. 특수상권

유동인구가 많은 번화가 상권이 있다면 유동인구가 많은 다른 장소는 백화점, 마트, 놀이동산, 아울렛, 병원) 등을 우리는 특수상권이라고 부릅니다. 특수 상권은 일반 번화가와 다르게 백화점, 마트, 에버랜드, 아울렛, 병원을 꾸준히 방문하는 수요층에 의해서 소비가 형성되어 있는 상권입니다. 처음에는 일반적인 상권에서 장사를 하려고 했던 사장님들 중에 특수 상권에 가게를 오픈하는 점주 님 분들이 있습니다. 그러면 특수상권에도 장단점이 있을 텐데, 저는 그 부분을 이야기해 보려고 합니다.

· 특수상권의 장점

1. 특수상권 매출이 좋으면 장사도 잘 됩니다.

특수상권을 이용하는 고객이 많아서 매출이 좋다면 자연스럽게 해당 특수상권에서 소비를 하는 소비층이 뒷받침 되며, 자연스럽게 꾸준한 매출이 나오는 매장이 될 수 있다는 장점이 있습니다.

2. 창업자금이 적게 듭니다.

특수 상권의 매장을 의뢰 받은 적도 있었는데요. 의뢰를 받다 보면 일반 상가에 있는 점포들과 다르게 보증금을 안 받는 매장들이 있습니다. 그리고 일반적인 상권에서 내가 원하는 브랜드로 입점을 하고 싶으면 기존에 가게를 하시는 분께 권리금 명목으로 돈을 주고, 계약을 한 뒤 내가 철거를 직접하고 새로운 가게로 개설을 한다면 특수상권은 다릅니다. 기존에 있는 분이 계약기간을 끝나서 나가고, 새로 입점하는 경우가 많은데 일반 상권에 몫 좋은 자리에 장사를 하고 있는 분께 바닥 권리금을 주고 내보낸 뒤 인테리어 비용이 다시 드는 것과 다르게 **특수 상권은 바닥 권리금이 있지는 않고, 인테리어 비용만 지**

불하면 오픈을 할 수 있기 때문에 창업 자금이 적게 든다는 장점이 있습니다.

그럼 특수상권의 장점을 말해봤으니, 특수 상권의 단점도 한번 말해보겠습니다.

· 특수상권의 단점

1. 높은 임대료와 관리비

특수상권은 월세가 정해져 있기 보단 수수료로 18%, 25% 등을 수수료 형태로 임대료 받는 형태로 계약을 많이 합니다. 즉, 매출이 높아지면 자연스럽게 월세가 높아진다는 이야기입니다. 일반 매장의 경우 상권에 맞게 월세를 받고, 임대인 마음대로 장사가 잘 된다고, 월세를 올릴 수 없습니다. 그런데 반대로 특수상권은 월세를 지불하기 보단 수수료를 지불하는 매장이기 때문에 매출이 높은 만큼 수수료(월세)가 높게 측정되어 있고, 그럼 반대로 매출이 줄어들면 수수료(월세)가 줄어드니 괜찮다고 생각할 수 있지만 그렇지는 않습니다. 장사가 안 됐을 때는 최소한의 월세를 보통 받는데, 장사가 잘 됐을 때는 수수료가 높아져서 월세가 높은 매장들이 많았습니다. 그리고 다른 분들은 장사가 잘 안 되어도 최소로 정한 월세 금액이 부담될 수 있습니다. 그래서 최악을 생각해서 월세(수수료)를 정확히 잘 알아보고 계약을 하라고 말씀 드리고 싶습니다. 그리고 특수상권을 계약할 때는 관리비도 먼저 알아봐야 합니다. 관리비가 일반 상가에 비해서 높게 측정이 되어 있을 수 있거든요. 분명한 장점이 있지만 높은 임대료와 높은 관리비를 지불하는 게 부담이 될 수 있기 때문에 이런 점은 잘 알아보고 계약하길 바랍니다.

2. 매출 변동 폭이 있습니다.

특수 상권은 해당 상권(마트, 아울렛, 백화점, 놀이동산, 병원)에 영향을 받을 수밖에 없습니다.예를 들어서 최근에 수도권 한 지역에 대형 백화점이 생긴 곳이 있습니다. 저는 집이 가까워서 새로 생긴 그곳이 궁금해서 방문을 했는데, 사람이 너무 많아서 놀랐습니다. 그리고 그곳에서 식사를 해야겠다고 생각해서 주문을 했는데 제가 당시에 생긴 지 얼마 안 된 상태에서 방문해서 돈까스를 시켰는데 주문이 많아 1시간 뒤에 식사를 할 수 있었습니다. 아마 제가 이용했던 돈까스 집은 처음 오픈했을 때처럼 오래 기다리지는 않겠지만 지금도 그곳을 이용하는 고객이 많기 때문에 지금도 장사가 잘 될 거라고 생각합니다.

반대로 특수상권인데 손님 분들이 많이 이용하지 않는 곳들이 있습니다. 같은 상호를 쓰는 백화점도 백화점마다 순위가 매겨집니다. 매출이 높은 백화점에 가 보면 입점되어 있는 고급 브랜드가 정말 많이 있지만 매출 순위가 낮은 백화점을 가면 입점되어 있는 브랜드가 적습니다. 그렇듯이 백화점 매출이 좋은 곳은 자연스럽게 식당도 매출이 좋은 경우들이 많이 있습니다. 하지만 매출이 좋지 않은 백화점 같은 경우는 백화점을 방문하는 수요 자체가 적으면 식당에도 영향을 줍니다. 그렇게 되면 해당 식당은 매출이 좋지 않을 수 있기 때문에 이를 고려해서 창업을 해야 된다고 생각합니다.

상권에 대해서 한번 짚고 넘어가면 좋을 것 같아서 대표적인 5개의 상권을 말씀 드려 봤습니다. 어떤 상권이 좋고, 어떤 상권이 나쁜 상권은 없습니다. **업종과 아이템이 나와 맞는 상권인지 검토하는 것이 중요하다는 것을 장사를 하는 사장님과 소통을 하면서 알게 됐습니다.**

물론 입지가 중요합니다. 하지만 입지가 좋은 만큼 경쟁도 치열하고, 고정비 자체도 높습니다. 반면에 입지가 좋지는 않지만 월세 관리비 등의 고정비 자체가 적고, 경쟁하는 분들이 적어서 변화가 상권보다 수익을 많이 가져가는 괜찮은 매장도 있었습니다. 그래서 저는 많은 분들께 이런 말씀을 드리고 싶었습니다. 입지는 중요하지만 꼭 성공의 요인이 될 수는 없다고요. 그래서 저는 상권을 보지만 상권을 믿지 않기도 합니다. 어쩌면 제가 하는 일이 '양도양수'라는 일이기 때문에 그런 듯 합니다. **저는 남들이 선호하지 않는 상권에도 장사가 잘 되는 가게를 예비 창업자들에게 많이 연결해준 경험이 있습니다.** 이렇듯 입지가 안 좋아도 장사가 잘 됐던 가게들을 보면서 장사로 성공하는 기준에 좋은 상권에서 장사가 안 돼서 힘들어하는 분이 있고, 누가 봐도 안 좋다고 생각한 상권에서 장사를 잘하고 있는 사장님이 있다는 걸 말씀드리고 싶었습니다.

시작은 쉽지만 나올 수는 없다

처음에 일을 시작했을 때는 가게를 하시는 분들을 많이 만나기 전까지는 가게를 하는 분들은 돈을 잘 벌어가고, 장사를 잘하는 줄 알았습니다. 하지만 실제로는 장사가 잘 되는 분들이 많을 거라는 제 생각과는 다르게 **장사가 안 돼서 힘들어하시는 분들이 상당히 많았다**는 걸 많은 분들을 만나면서 알게 됐습니다. 그런데 사람마다 힘든 종류는 다 다르더라고요. 처음에는 돈을 잘 벌어가지 못하는 사장님만 힘든 건 줄 알았는데, 그렇지 않았습니다. 돈을 잘 벌어가도 여러 가지 이유로 가게를 정리하게 된 분들이 많다는 것을 많은 사장님을 만나면서 알게 됐습니다.

　제가 아는 사장님도 가게를 정리하는데 많이 힘들었다고 말해줬던 적이 있습니다. 처음에는 회사를 다니고 있었는데, 어느 날 새로운 팀장님이 들어왔다고 합니다. 문제는 새로운 팀장님이랑 하루가 멀게 다툼이 있었다고 합니다. 처음에는 참고 버티려고 했는데, 그게 한계가 있다고 판단을 하고, 예전부터 가게를 창업하기 위해서 모아놨던 자금과 자영업자 대출을 받아서 창업을 알아보게 됐습니다. 그래서 그날부터 회사를 퇴근하면 창업과 관련된 도서를 도서관에서 읽고, 대형서점에 방문해서 책을 구매해서 보고 관련 카페에서도 글을 보며 공부를 많이 했습니다. 그리고 더 이상 회사에 있을 수 없다고, 판단을 해서 퇴사를 하고, 가게를 하기 위해 자영업자 대출까지 받아서 가게를 운영했다고 합니다.

　처음으로 창업에 도전했는데 생각보다 장사가 잘 됐다고 합니다. 그래서 퇴사 결정을 정말 잘했다고 생각했습니다. 이제는 행복한 일만 있을 거라고 생각했는데 가게를 시작한지 6개월 정도가 지날 무렵부터 점점 가게에 대한 회의감이 들었다고 합니다. 일하고 있던 곳이 술집이었는데 술 먹고 난동을 부리는 사람들이 자주 있었다고 합니다. 처음에는 술집이니깐 당연히 그럴 수 있겠거니 여겼지만 이런 일이 자주 발생되고, 또는 직원으로 인한 스트레스도 상당히 많았던 탓에 사장님은 장사가 잘되는 가게라 잘 정리가 되면 다른 가게를 하려고 생각했습니다. 그래서 저 포함해서 여러 곳에 가게를 내놨습니다. 하지만 사장님은 가게가 이렇게까지 안 나갈 거라고 생각하지 못했습니다. 저는 많은 사장님들을 만나면서 장사를 시작하는 것도 쉽지 않지만 **가게를 차리는 것보다 가게를 정리하는 게 몇 배는 힘들다는 것을 알게 됐습니다.** 사장님은 그때부터 가게가 안 나가는 이유에 대해서 많이 알아봤고, 1년이 지나서야 어렵게 가게를 정리했습니다.

　장사가 잘 됐던 분도 가게가 정리될 때가지 이렇게 많이 힘들어 하는데, 장사가 안 된 분은 얼마나 힘들지 생각하면 끔찍합니다. 제가 만났던 다른 사장님은 가게를 오픈하고, 오픈 초기에는 장사가 잘 됐지만 6개월부터 장사가 잘 되지 않았습니다. 가져가는 수익이 적다보니, 알바, 직원을 쓸 수 없었습니다. 그래서 혼자 일하면서 수익을 가져갔는데, 어느 날 건강에 적신호가 왔고, 더 이상 운영이 힘들다고 판단했던 사장님은 가게를 내놨지만, 장사 안 되는 가게를 구매 하겠다는 분은 없었습니다. 사장님은 결국 문을 닫았고, 큰 손해를 보고 가게를 정리했습니다.

　사장님은 손해를 감수하고, 권리금도 많이 낮춰서 가게를 내놨지만 시장에는 이미 가게를 내놓으시는 분들 역시 많다 보니, 권리금이 많이 낮다고 해서 선뜻 고객분이 계약을 해주지 않습니다. 이렇듯 장사를 잘 하시는 분들도 오랜 기간 계약이 안 돼서 힘들어 하는 경우가 많습니다. 장사가 안 된 분들은 가게가 중간에 나가지 않으면 임대차 기간까지 기다렸다가 건물주 분께 말하고, 원상복구하고 폐업하고 나가는 분들이 많은 게 현실입니다.

창업해서 한번 실패하면 손해보는 금액이 몇 천만 원에서 크게는 몇 억까지 손해를 보고 정리하는 분들을 워낙 많이 봤기 때문에 창업을 시작하는 건 쉬워도 가게를 정리할때 정리하고 싶어도 쉽게 나올 수 없다는 걸 꼭 말씀드리고 싶었습니다.

가게를 시작하는 분들은 창업을 시작할 때 늘 최악의 시나리오에 관한 그림을 먼저 그리고 창업을 해야 된다는 걸 말씀드리고 싶습니다.

월세에 대한 이야기

가게에서 제일 중요한 게 뭐냐고? 물어보는 분이 있다면 저는 당연히 '월세'라고 말해주고 싶을 만큼 월세가 중요하다고 생각합니다. 하지만 많은 창업자분들이 월세에 대해서 많이 알아보지 않고, 장사를 시작하는 경우들이 많습니다. 다행히 매출대비 월세가 안정적이면 좋겠지만 잘 모르고 계약해서 월세가 부담되는 매장을 계약을 해서 후회하는 사장님들이 많아서 이번 장에서는 월세에 대해서 이야기를 해드리고 싶었습니다.

저는 많은 사장님들을 만나면서 스스로 월세에 대한 정의를 내린 게 있습니다. 바로 월세는 과거 내가 다녔던 전 직장의 월급과도 같다는 말을 많이 했습니다. 직장에 다니면서 월급 300만 원 정도 벌었던 분은 300만 원 이상의 돈을 월세로 투자하지 않습니다. 반면에 사업을 해서 월급여가 천만 원 이상 벌었던 경험이 있는 분들은 천만 원 이상 되는 월세를 지급하거나 전에 일했던 사업으로 벌었던 돈 보다는 조금 낮은 700만 원, 800만 원 정도 되는 월세에 해당하는 매장을 인수해서 장사하는 걸 많이 봤습니다. 그래서 저는 월세는 월급과 같다는 말을 많이 했었습니다. 오히려 전 직장이 남들처럼 벌었던 분들은 월세가 높은 매장을 계약하지 못합니다. 남들이 대부분 내고 있는 월세만큼 투자를 해서 큰 문제가 되지는 않았지만 반대로 월세가 높은 매장을 많이 고민한 뒤 계약을 하고 창업을 해서 후회하시는 사장님들을 많이 봤습니다. 왜 이런 문제가 발생이 될까요?

저는 성공의 경험이 실수를 만든다고 생각합니다. 월세가 높은 매장을 선택했다는 건 그전에 살아왔던 과거의 모습이 잘 살아왔다고 생각합니다. 월세가 높은 매장들을 가보면 생각 이상으로 과거가 화려했던 사장님들이 많았거든요. 제가 만났던 사장님도 사업을 잘했던 사람입니다. 인터넷 스토어를 해서 돈을 잘 벌었다고 했었고, 어떤 분은 증권가에서 직장을 잘 다니셨던 분도 있었고, 인플루언서 분들도 있었습니다. 이렇게 과거가 화려했던 분들은 성공 경험이 있다 보니, '내가 이 분야에서도 성공했기 때문에 장사를 해도 잘 될거야!' 라고 생각하는 분들이 있습니다. 하지만 제가 경험한 건 그전에 해왔던 일과 자영업은 전혀 다르다는 걸 알았습니다. 내가 다른 분야에서 레벨이 50정도의 능력치를 갖고 있다는 건 아마 그 분야에서 적게는 몇 년 많게는 몇 십 년을 근무하면서 생긴 능력치일 겁니다. 하지만 자영업을 한다면 장사에 대한 경험이 없기 때문에 저는 능력치가 좋은 레벨 1이라고 생각합니다. 축구를 잘하는 유명한 프로선수가 농구를 잘하지 않는 것과 똑같은 말입니다. 방송에서 PD로 인정을 받았던 유명 PD들도 각자 방속국에서 인정을 받았던 사람들입니다. 그리고 현재는 잘했던 일을 바탕으로 사업을 해서 승승장구하고 있는 것은 잘하는 일을 이제는 능력만큼 받아갈 수 있는 사업 시스템으로 바꿨기 때문입니다.

예를 들어서 선에 다니던 식상으로 많은 성장을 이뤘던 사장님이 전에 일했던 것과 관련 직종으로 사업을 하면 레벨 50에서 레벨 60이 될 수 있는 방법이라고 생각합니다. 하지만 레벨 50의 능력치를 갖고 있는 상태에서 장사를 하는 건 능력치가 좋은 레벨 1이라고 생각해야 된다는 말입니다. 게임을 해도 공평합니다. 어린 친구들도 레벨 1부터 시작을 하고, 어른들도 레벨 1부터 시작을 합니다. 하지만 능력치가 다른건 게임에 투자하는 시간도 어린친구들에 비해서 어른이 훨씬 많은 시간을 게임에 투자할 수 있고, 현금으로 게임 아이템을 구매하는 것도 어린 친구들은 거의 불가능 하지만 어른들은 얼마든지 좋은 아이템을 현금으로 구매할 수 있습니다. 그래서 어린 친구들과 같은 레벨로 시작하지만 시간이 지나면 어른과 확연히 게임 캐릭터 차이가 납니다.

자영업도 능력치가 좋은 레벨 1이라고 이야기했던 게 게임과 다르지 않습니다. 사회적인 경험이 많이 없는 상태에서 장사를 시작하는 것과 그래도 다른 분야에서 성공 경험을 하고 레벨1부터 자영업을 시작하는 사람과 당연히 시간이 지나면 차이점이 날 수 밖에 없습니다. 그런데 한 가지 아쉬운 점은 있습니다. 어른이 게임하는 것과 아이가 게임하는 것에 공통점은 레벨이 낮을 때 아무리 좋은 아이템 좋은 능력치를 가지고 있어도 고렙 몬스터를 잡을 수 없다는 겁니다. 게임에도 순리가 있습니다. 레벨에 맞는 몬스터를 잡을 수 있다는 말입니다. 시간을 상대적으로 많이 투자할 수 있는 어른은 아이가 레벨 20을 향해가고 있을 때 50이 될 수도 있다는 정도의 차이점은 있습니다. 그게 그 동안 살아오면서 배운 노하우들의 대가인 거죠.

이렇듯 장사에서 이 부분을 적용할 수 있습니다. 제가 말씀드린 것처럼 다른 분야에서 성공했던 경험을 바탕으로 오면 남들보다는 능력치가 높은 상태로 자영업이라는 게임에 들어올 수는 있습니다. 그런데 여기 세계에서는 레벨 1임에도 불구하고, 레벨 70 정도가 할 수 있는 가게를 하려고 비싼 월세를 내고 장사를 하려는 사장님들이 있습니다. 그렇게 비싼 월세를 계약하고, 이내 사라져 버린 가게 점주님들이 정말 많습니다.

반대로 다른 쪽에서 능력치가 아직 제대로 발휘하지 못한 상태에서 직장생활이 나랑 잘 안 맞으니깐 자영업으로 레벨 1부터 제대로 시작하겠다고 도전했다가 무너진 분들도 많이 만났습니다.

무너진 분들을 살펴보면 그 원인 중에는 '월세'가 있습니다. 정말로 많은 분들이 월세 문제로 후회를 하는 분들이 많았습니다. 왜 이런 문제들이 생길까요? 저는 신규로만 가게를 알아보기 때문에 생기는 문제라고 생각하고, 두 번째는 매출과 지출에 대한 체계적인 생각을 하지 않기 때문이라고도 생각합니다. 제가 계약을 많이 해보니깐 월세가 대체적으로 높게 형성되어 있는 곳들이 남들이 많이 이용하는 번화가 상권이었습니다. 번화가 상권이 대체적으로 유입되는 인구들 자체가 많고, 상권하면 늘 사람들 입에 오르기 때문에 월세 또한 비싼 매장들이 많습니다. 하지만 번화가 상권은 좋은 상권이라 경쟁 또한 치열합니다. 경쟁이 치열한 곳은 자영업 레벨이 높은 분들이 많이 참여할 수밖에 없고, 능력치가 높은 레벨 1인 상태에서 자영업으로 레벨이 높은 분들과 경쟁을 해야 합니다. 그렇게 했을 때 살아남게 되면 순식간에 레벨1에서 레벨 50이 되는 겁니다. 그렇게 되신 분도 많이 봤습니다. 하지만 이렇게 월세가 높은 상권의 점포를 계약해서 실패한 사장님을 많이 봤습니다.

실패한 사장님도 열심히 장사를 하지 않은 게 아닙니다. 능력치가 좋은 상태로 장사를 시작해서 마케팅도 시도해 보고, 블로그 체험단도 불러보고, 이벤트도 해보고, 늦게까지 장사도 해보지만 장사가 잘 되지 않아서 고민이 많습니다. 그러다가 결국 지쳐서 문을 닫는 사장님들을 많이 봤습니다. 여기서 문제는 월세가 높은 매장은 그만큼 상권이 좋기 때문에 시작할 때 많은 돈을 주고 인테리어 공사를 해서 장사를 시작했지만 장사가 안돼서 망했을 때는 많은 돈을 잃게 됩니다. **그래서 항상 장사를 시작할 때는 전에 일했던 모든 기억은 지워버려야 합니다.** 나는 오늘부터 레벨 1이라는 생각으로 장사를 시작해야 됩니다. 그럼 "레벨 1이라는 생각을 갖고, 창업을 할 때 어떤 걸 먼저 확인을 해야 될까요?"라고 물어본다면 저는 신규로만 알아보지 말고, 양도양수 창업을 무조건 염두해두라고 말합니다. 요새는 인터넷을 통해 내놓은 가게들을 찾아보면 직접 찾아볼 수 있습니다. 아니면 혹은 저희처럼 양도양수를 전문적으로 진행을 하고 있는 컨설팅 분들께 의뢰를 해서 매장을 추천 받아서 괜찮은 매장들을 다녀오고, 괜찮다고 생각이 드는 매장은 점주님과 미팅을 하라고 말씀드리고 싶습니다. 그래서 정확한 매출과 지출 정확한 순익 계산을 할 수 있는 정도의 통찰력을 갖는게 중요하다고 말해주고 싶습니다. 실제로 많은 사장님들이 이런 계산을 하지 않은 상태에서 창업을 합니다. 그리고 이렇게 말합니다. "매출이 좋은 게 빚 좋은 개살구였어요. 매출은 높아서 좋아했는데 알고 봤더니 실제로 인건비 쓰고, 재료비 나가고, 카드 수수료 나가고, 배달 대행비 나가고 등등의 비용을 내고 보니, 제가 가져가는 건 실제로는 수익이 이렇게 적을 거라고 생각을 못했어요."이런 반응들이 많습니다. 그래서 우리가 가게를 할 때 첫 번째로 알고 창업해야 되는 건 이와 같은 통찰력입니다.

그리고 두 번째로 알아야 되는 건 상권입니다. 대부분 창업을 할 때 이쁘고, 멋있어 보이는 걸 선호합니다. 그래서 상권도 B급, C급 상권이 아닌 이왕 시작을 하니, A급 상권에 가고 싶어합니다. 그러나 이런 화려함 속에 속으면 안 됩니다. 아파트로 예를 들면 이렇습니다. 외곽에 신축 아파트가 새롭게 지어졌습니다. 연식도 얼마 안 됐고, 회사와 거리는 멀지만 집이 신축이라 너무 예쁩니다. 가족, 친구를 초대하니 다들 좋다고 합니다. 하지만 가격은 연식이 30년 된 서울과 가까운 아파트가 외관으로는 오래 됐지만 외곽에 지어진 신축보다 가격이 4배 이상 비싼 아파트도 있습니다. 아파트는 입지가 중요하지만 장사는 그렇지 않습니다. 장사는 A급 상권에서도 망하는 사람들이 있고, C급 상권에서 대박을 내는 가게도 있습니다. 그렇기 때문에 **예쁘고 멋있어 보이는 것만 선호해서는 장사로 성공할 수 없다**는 말씀을 해 드리고 싶습니다. 그래서 상권을 볼 때도 저는 상권에 맞는 아이템이 중요하다고 생각합니다. 상권은 B급, C급 상권에 장사를 해도 오히려 괜찮습니다. 오히려 **A급 상권 가서 월세가 비싸서 실속이 없는 매장보다는 B급, C급인데 매출이 A급 상권보다 못하지만 월세가 낮아서 A급 사장님보다 B급, C급 사장님이 더 벌어가는 매장들이 많습니다.**

세 번째는 프랜차이즈를 잘 알아야 된다고 말해주고 싶습니다. 매년 신생 프랜차이즈가 많이 생겨나는데 그 말을 다르게 해석하면 많이 생겨나는 만큼 많은 사장님들이 문을 닫습니다. A급 상권에 레벨이 높은 분들이 많이 있는데 능력치가 좋은 레벨 1인 사람이 그분들과 함께 상대할 수 있는 건 레벨 50인 프랜차이즈를 선택하는 것입니다. 예를 들면 게임을 처음 하는 사람이 다른 사람 캐릭터를 받아서 처음부터 레벨 50인 상태로 게임을 하는 것이 바로 프랜차이즈가 줄 수 있는 혜택입니다. 그리고 정말 괜찮은 프랜차이즈를 잘 만나면 오히려 B급, C급 상권보단 A급 상권에서 크게 성공할 수 있다고 말해줄 수 있습니다. 하지만 프랜차이즈라고 해서 무조건 계약을 하면 안 되고, 검증 단계가 필요합니다. 호점이 계속 늘어가고 있는 신생 프랜차이즈를 선택하는 것도 하나의 방법일 수 있습니다. 호점이 계속 늘어간다는 건 본사에서 그만큼 가맹점 유치해 힘을 얻고 있고, 가맹점을 하려는 분들을 설득할 수 있는 확실한 비법이 있다는 것이기 때문에 프랜차이즈가 호점이 계속 늘어가는 건 우상향하는 그래프라서 저는 계약을 해도 좋다고 생각합니다. 하지만 조심해야 될 때가 있습니다. 바로 호점이 이미 너무 많이 생겨 버렸을 때입니다. 그때는 이미 많은 호점들이 생겨 버렸기 때문에 내가 들어갈 상권이 적어집니다. 그러다 보면 좋지 않은 상권을 계약해서 오히려 다른 호점들과는 다르게 월세는 높은데 매출이 적어질 수 있기 때문에 이런 점을 조심해야 됩니다.

그리고 월세가 높다는 건 그만큼 리스크가 많다는 겁니다. 그래서 저는 이 부분을 말씀드리고 싶습니다.

창업하기 전 반드시 체크할 사항

1. 월세를 높낮이를 측정하기 전에 매출대비 지출 현황 그리고 순익이 어느 정도 되는지 실제로 파악을 해보는 습관을 갖기

2. 월세가 높은 상권이라고 좋은 상권은 아니라는 것 기억하기 실제로 월세가 낮은 B급, C급 상권에서 장사를 더 잘하고 계신 사장님들이

많다는 것 기억하기

3. 프랜차이즈 라고 무조건 맹신하고 계약하지 말고, 잘 알아보고 계약할 것.

창업을 시작한다면 누구든 '레벨 1'인 상태로 시작한다는 걸 명심해서 정말로 잘 알아보고 계약했으면 좋겠습니다. 시작하고, 후회하면 되돌릴 수 없는 게 창업입니다.

꼭 신규 창업할 필요는 없습니다

창업 컨설턴트로 일하는 저의 주 업무는 권리금 양도양수를 해주는 일입니다. 간혹 프랜차이즈랑 협업을 맺어서 신규 프랜차이즈 유치를 진행하는 컨설턴트도 있지만 저는 양도양수로 계약하는 게 잘 맞아서 양도양수 업무만 주로 진행을 하고 있습니다. 제가 주로 하는 일은 운영하는 매장에 전화를 걸어서 "매매 의사가 있는지?" 여부를 여쭤 보고, 의사가 있다면 물건을 의뢰 받고, 그중에서 고객분 께 소개 했을 때 괜찮아 보이는 매장을 고객에게 소개해줘서 계약을 하는 권리금 양도양수 일을 하고 있습니다. 예전에 처음 일할 때는 가게를

의뢰 받아서 손님들께 매장에 대한 정보를 드려 봤는데, 손님 분들은 "왜 이런 매장을 내게 소개시켜 주나?"라며 핀잔을 줬던 적도 많았습니다. 저는 장사를 해본 적은 없었기 때문에 저는 뭐가 좋은 물건인지에 대한 감이 많이 없었습니다. 그래서 그 당시에 제가 선택한 것은 '전화로 매장에 대한 의뢰만 받는 게 아니라 실제로 점주님을 만나 뵙고, 매장에 대한 이야기를 듣는 게 좋지 않을까?' 생각하며, 점주님 분들을 다 만나고 다녔습니다. 그렇게 많은 사장님들을 만나다 보면 생각보다 많은 사장님들이 신규로 가게 창업을 했다는 걸 알 수 있었습니다. 신규로 창업을 하게 된 이유를 물어 보면 대부분 양도양수를 전문적으로 진행해주는 컨설턴트가 있는지 모르니깐 하고 싶은 프랜차이즈 본사로 직접 전화를 줘서 상담을 받고, 신규로 가게를 창업하게 됐다고, 말했습니다. 그리고 대부분 '장사가 잘 되는 가게가 왜 팔려고 하겠느냐?' 라는 반응이 많다보니, 지금까지도 양도양수에 대해서는 잘 모르고 있는 것 같습니다. 저는 많은 계약을 해보면서 신규 창업도 물론 좋지만, 양도양수 창업도 들여다 보면 신규 창업만큼 좋은 점이 많이 있다는 걸 말씀드리고 싶습니다. 그 이유를 여기서 말해보려고 합니다.

• 양도 양수 창업의 장점

1. 투자금액이 적습니다.

처음 가게를 하겠다고 결심을 하고 가게를 알아보면 모두가 좋은 상권에 들어가고 싶어합니다. 하지만 좋은 상권에 가 보면 알 수 있는 건 공실이 없고, 누군가가 먼저 장사하고 있습니다. 그러면 내가 원하는 자리에 계약하기 위해서는 기존에 계시던 분께 권리금을 주고, 가게를 인수 받아야 합니다. 그리고 철거부터, 인테리어 비용까지 들어가다 보니, 투자 금액이 예상했던 금액 이상으로 많이 들어가는 경우가 많습니다. 하지만 인수 창업은 다릅니다. 저는 점포를 정리하는 사장님들을 정말 많이 만났는데 가게를 정리하는 분들을 보면 돈을 더 받고 정리하는 분들은 거의 없었고, 대부분 권리금을 낮춰서 계약을 하는 경우가 대부분입니다.

그렇기 때문에 신규로 오픈하는 것보다는 확실히 투자 금액이 적게 들어가는 매장이 찾아보면 정말 많이 있습니다. 반대로 신규 창업은 내가 처음 하는 창업이다 보니, 하다 보면 욕심이 나서 돈을 더 투자하는 경우들이 많습니다. 그러면 투자금 자체가 부담이 될 수 있기 때문에 그것보단 어느 정도 권리금을 손해 보고, 정리하는 기존 가게를 인수 받는 것도 고려해 보셨으면 좋겠습니다.

2. 잘되는 가게를 살 수 있습니다.

신규 창업을 하면 확률은 2분의 1입니다. 잘 될 수도 있고, 잘 안 될 수도 있습니다. 잘되면 다행이지만 안 되면 돌이킬 수 없습니다. 그래서 대부분 선뜻 창업 결심을 하지 못합니다. 하지만 양도양수는 100의 싸움입니다. 매장 운영을 6개월, 1년, 2년 이렇게 운영을 하고 가게를 정리하는 분들이기 때문에 과거 매출이 정확히 표기가 되어 있습니다. 과거 매출을 알고 들어가는 건 초보 창업자 입장에서는 '잘 될까? 안 될까?'에 대한 두려움을 많이 해소해 줄 수 있습니다. 양도양수로 기존 가게를 인수 받는 방법은 여러 장점이 있습니다. 혹은 잘되는 가게를 권리금을 더 주고 계약을 한다고 가정해보면, 오히려 투자금액이 많이 들어가도 장사를 잘하고 있는 가게를 사는 거니깐 좋다고 생각합니다. 반대로 장사가 안 되는 가게는 권리금을 적게 주고 '내가 한 번 살려 보겠어!' 라는 생각으로 인수 받을 수 있습니다.

양도양수 창업이 여러 측면에서 매력적인데, 대부분 이를 잘 모르는 게 때문에 큰 비용을 주고, 신규로 창업히는 분들이 많아서 양도양수로 가게 알아보는 것도 괜찮다는 말씀을 드리고 싶었습니다.

3. 그럼 장사 잘되는 가게는 왜 팔까?

기존 가게를 인수를 받을 수도 있지만 많은 사람들이 신규 창업을 하는 이유에 대해서 물어보면, 장사 잘되는 가게는 팔 이유가 없다고 생각을 하기 때문입니다. 기존 매장 인수 창업은 처음부터 생각도 안 하고, 신규로 가게를 창업했다고 하는데, 이는 정말 잘 모르고 하는 이야기입니다.

장사를 하면 스트레스가 정말로 많습니다. 장사를 하기 전에 월급 받을 때는 직원의 마음이라서 잘 몰랐다면, 이제는 직원을 고용하고, 사장님으로 일하는 입장이 되어보면, 사장님이 직원으로 받는 스트레스가 이렇게 심한지 몰랐다는 분들도 있습니다. 그리고 사람이기 때문에 간혹 실수를 할 때가 있는데, 그때 죄송하다고, 말씀을 드려도 화가 안 풀리는 고객을 상대하다가 지치는 사장님들도 많이 봤습니다. 그리고 가게를 하는 분들이 젊고, 혈기가 왕성한 나이에 장사를 하기 보다는 직장을 퇴사한 40대, 50대 분들이 많이 있습니다. 그렇다보니, 꽤 많은 분들이 건강에 적신호가 생겨서 가게를 정리합니다. 제가 아는 사장님도 순익으로 천만 원을 벌어가는 가게를 운영하고 있는데 투자금액 절반만 받아도 괜찮으니, 빨리 정리를 해달라고 요청하셨습니다. 이유를 물어보니깐 정말로 건강에 적신호가 생겨서 문을 닫을지도 모를 위기에 놓이다보니, 투자 금액을 많이 손해 보고라도 정리하는 게 빠르게 정리될 거라 생각해서 정리한다고 말해 주었습니다. 만약 건강 때문에 문을 닫게 되면 월세부터 적자로 전환이 되기 때문에 정말로 힘들어서 정리하는 분들도 생각보다 많다는 걸 알았으면 좋겠습니다.

4. 노하우를 배울 수 있습니다.

가게를 할 때는 노하우가 정말 중요합니다. 손님을 응대하는 것 직원을 채용하고, 관리하는 법 등 냉장고 정리하는 것부터 가게는 하나부터 열까지 시스템화 되어 있어야 되고, 메뉴 제조하는 것도 하나부터 순서가 필요합니다. 바쁜 시간에는 뒤에 밀려 있는 손님이 많이 있기 때문에 메뉴 만드는 것 하나하나가 중요합니다. 가게를 처음 시작하는 창업자 분들을 보면 개인으로 하기는 힘드니깐 프랜차이즈를 많이 선택합니다. 하지만 프랜차이즈는 마케팅된 본사 이미지, 점주님들이 편하게 만들 수 있는 조리 방법 등을 알려줄 수 있지만 실질적인 노하우를 알려줄 수는 없기 때문에 직접 운영을 하면서 배워야 하지만 인수 창업은 다릅니다. 오늘 계약한다고, 내일 가게를 오픈할 수 없습니다. 권리금 계약을 했다면 부동산 통해서 임대차 계약도 해야 하고 그리고 본사 통해서 교육도 받아야 됩니다. 이 과정이 적지 않다 보니, 보통 계약을 하고 운영을 하는 시기를 2달 정도 길게는 5~6개월도 걸립니다. 그러면 그때 동안 가게를 운영 안 하는 게 아니라 계약을 했으니, 잔금하는 날까지 노하우가 많은 사장님 옆에서 배울 수 있다는 건 정말 좋은 장점이라고 생각합니다.

예전에 장사를 잘 못하는 사장님들을 방문해서 도움을 드리는 프로그램을 즐겨 봤을 때가 있었습니다. 장사가 안되서 힘들어하는 자영업자 사장님들이 전문가와 상담을 통해 변화하는 모습을 보았습니다. 사장님은 열심히 장사를 하지 않은 게 아닙니다. 하지만 물어볼 사람이 없었고, 본인이 잘못된 길로 가고 있다는 걸 지적해주는 사람이 없어서 계속 실패하는 방법으로 열심히 하다 보니, 잘 안 됐던 겁니다. 방법을 잘 몰라서 장사를 못하고 있던 사장님이 전문가의 도움을 받고, 좋은 결과로 이어진 경우를 보면 누군가에게 배우는 게 얼마나 감사한 일인지 알 수 있습니다.

그렇기 때문에 양도양수를 받으면 내가 영업하는 날까지 매장을 방문해서 기존에 계셨던 사장님께 일을 같이 도와주면서 실질적인 노하우를 배울 수 있다는 점에서 양도양수가 괜찮다고 생각합니다.

장사 잘하다가 쫓겨나지 않을까?

 아직도 법에 대해서 잘 모르는 분들이 많은 것 같아서 글을 적어보려 합니다. 장사를 시작할 때 보통 2년 정도 임대차 계약을 하고, 장사를 시작합니다. 그리고 임대차 계약을 맺으면 시설비를 인테리어 업자에게 직접 줘서 개인으로 오픈할 수도 있고, 프랜차이즈에 큰 비용을 지불하고 본사에서 공사를 맡아서 진행하는 경우가 있습니다.

 그런데 가게를 하기 전에 사람들이 걱정하는 건 내가 큰 비용을 내고, 장사를 했는데 2년 뒤에 건물주가 나가라고 하면 나가야 되는 거 아닌가요? 라고 물어보는 분들도 있었고, 심지어 가게 운영을 잘하고 있는 점주님께서도 건물주가 나가라고 해서 나갈 준비를 하고 있어요. 라고 말하는 사람도 만난 적이 있었습니다.

예전에는 이것 때문에 피해 보셨던 분들이 있었습니다. 법이 제대로 개정이 안 되어 있었기 때문에 약자를 지켜주지 않았기 때문에 악덕인 건물주 분들이 많았는데, 예를 들면 이렇습니다. 세입자가 장사를 하겠다고 가게를 오픈해서 장사를 했는데 기대 이상으로 장사가 잘됐습니다. 당연히 장사가 잘되기 때문에 재계약을 생각하고 있어서 건물주 분께 요청을 드렸는데, 건물주 분께서 계약 만기가 되면 나갔으면 좋겠다는 요청을 합니다. 당시에는 법으로 개정이 제대로 안 되어 있다 보니, 재계약 안 해 줄 권리가 건물주한테 있기 때문에 울며 겨자 먹기로 가게를 나왔던 분이 많았습니다. 계약 만기가 끝나서 가게를 나오면 그 가게를 건물주 지인 분이 운영하거나 아니면 자녀가 운영하는 경우가 있었습니다. 이때 얼마나 많은 가게 사장님들이 눈물을 흘렸을지 생각하면 마음이 아픕니다. 그래서 법원에서 2015년에 법을 개정해서 정당한 사유 없이 5년 동안 내보낼 수 없다고 법이 개정되었습니다.

저는 이때도 5년이라는 시간이 너무 짧게만 느껴졌었는데 다행히 법이 한번 더 개정이 됐고, 그래서 현재 상가임대차보호법 제 10조 내용을 보면 임차인의 계약 갱신 요구권은 최초의 임대차기간을 포함한 전체 임대차기간이 10년을 초과하지 아니하는 범위에서만 행사할 수 있다고 명시되어 있습니다.

그래서 이제는 10년 동안 충분히 장사할 수 있습니다. 그리고 현재는 중간에 내가 권리금 받고 가게를 정리하겠다고 하는 것을 건물 임대인 사장님께서 임의로 막을 수 없습니다. 법원 판례를 보면 임차인의 권리금 회수 권리가 있는데, 임대인이 권리금 방해에 해당되어 권리금을 손해 배상해줬던 판례도 있습니다. 그렇기 때문에 장사해서 쫓겨날 걱정도 권리금을 받지 못하고, 가게를 팔 걱정도 안 해도 됩니다.

반대로 양도양수로 기존 가게를 인수받을 때도 부동산을 통해서 임대차 계약서를 작성하면 신규 계약으로 되기 때문에 기존 임차인의 상가임대차보호법상 10년 중에 남은 기간을 승계 받는 것도 아니라, 신규 계약이기 때문에 10년이 그대로 보장된다고 보시면 됩니다. 그리고 좋아진 것은 월세 부분입니다. 예전에는 장사를 하다 보면 장사가 잘 되는 걸 보고, 건물주 분께서 월세를 한 번에 확 올려버리는 경우가 많이 있어서 장사하시는 분들이 많이 힘들어 했지만 이제는 그렇지 않습니다.

상가건물임대차보호법 시행령 제4조(차임 등 증액청구의기준)을 보게 되면 법 제11조 제1항의 규정에 의한 차임 또는 보증금의 증액청구는 청구 당시의 차임 또는 보증금의 100분의 5 금액을 초과하지 못한다고 명시되어 있습니다. 그렇기 때문에 과도하게 월세를 올리는 것 역시 걱정하지 않아도 됩니다.

간혹 불합리하게 나오는 건물주 분들 때문에 법에 대해서 잘 모르는 분들이 여전히 힘들어하는 이야기를 많이 들었는데, 스스로 해결하지 않았으면 좋겠습니다. 인터넷에 검색만 해도, 훌륭한 변호사분들이 많기 때문에 매장을 운영하다가 법적으로 문제가 생기면 스스로 해결하려다가 최악의 상황이 되고, 그리고 나서 그때 법을 찾아보는 분들이 있는데 그건 좋지 않습니다. 법적인 문제가 생기면 지체하지 말고, 일을 잘하는 변호사 분들께 바로 문의를 해야 됩니다. 내가 해결해보겠다고 노력하다가 나중에 변호사 분들이 도와줄 수 없을수도 있기 때문에 법적인 문제가 생기면 혼자 해결하려고 노력하지 않았으면 좋겠습니다.

장사 자격증 보단 경험이 중요하다

경험 없는 창업은 위험합니다. 장사에 대한 경험이 전혀 없으면서 왜 이렇게 많은 사람들이 자신감이 넘치는지 모르겠습니다. 저는 9년 넘게 창업 컨설턴트로 일하고 있고, 권리금 양도양수 업무를 오랜 기간 도와드리고 있습니다. 그렇다는 말은 가장 좋은 물건을 제가 계약도 할 수 있다는 말이기도 합니다. 하지만 저는 9년 넘는 시간 동안 단 한 번도 장사를 꿈꿔보지 않았습니다. 이유는 장사를 쉽게 생각하지 않기 때문입니다. **장사로 오랜 기간 살아남은 사장님들을 보면 눈빛부터가 다르다고 생각합니다.** 동물원에 사육사가 주는 고기를 먹는 맹수가 아니라 아프리카에서 동물들을 보고, 호시탐탐 기회를 엿보고 사냥해서 먹고 사는 진정한 맹수를 보는 느낌입니다.

아프리카 맹수들은 다양합니다. 어떤 맹수는 사냥을 하지 못해서 굶주려 있는 맹수도 본 적이 있고, 반대로 어떤 맹수는 동물들을 잡아먹으려다가 필사적으로 피하려는 동물들한테 맞서 죽은 맹수도 있습니다. 그래서 저는 자영업 세계가 아프리카에 사는 동물들과 다르지 않다고 생각합니다. TV 프로그램에 장사를 하시는 분들이 많이 나옵니다.

장사를 해서 성공했던 분들의 이야기도 있고, 반대로 장사를 잘하지 못해서 출연하신 사장님들도 있습니다. 장사를 잘하는 분들을 보면 나도 저렇게 할 수 있을 것 같다는 생각을 합니다. 장사를 하면 직장에서 버는 것보다 훨씬 잘 벌 수 있을 것 같다는 생각이 듭니다. 반면에 장사가 너무 안 돼서 빚더미에 앉아서 하루를 버티는 사람들의 이야기를 접하면 장사를 하고 싶은 마음이 싹 사라지기도 합니다. 그런데 데 빚더미에 앉아 있거나 장사가 안 돼서 힘든 사장님들도 처음에는 장사가 안 될 거라는 생각을 못했던 경우도 많이 있었을 겁니다. 실제로 직접 가게를 운영을 해보고 난 뒤에야 장사가 잘 되지 않아서 힘들어 하는 경우가 많았습니다. 그런데 제가 앞서 설명 드린 것처럼 장사가 안 된다고 해서 이미 계약한 가게를 안 할 수 없습니다. 이미 투자한 금액이 있고, 임대차 계약을 했기 때문에 최소한 2년은 채워야 합니다. 중간에 나가면 안 되냐고 말하는 분들도 있지만 그러면 운영하는 가게에 투자한 시설 투자한 금액을 받고, 나가야 될 건데 장사가 안 되면 권리금을 주고 가게를 인수하겠다는 분들이 없기 때문에, 힘들지만 버틸 수밖에 없는 것이 현실입니다. 월세 300만 원 내는 가게를 인수 받았다면 장사가 안 되면 매달 300만 원이 적자라고 가정해보겠습니다. 여기서 공과금(전기, 수도 포함)해서 380만 원을 낸다고 가정해 보겠습니다. 그리고 돈이 안 벌려도 장사를 하기 위해서 재료비도 준비해야 합니다.

장사가 안 되도 매달 나가는 돈을 장사해서 버는 걸로 채워지면 그나마 다행이지만 장사가 잘 되지 않아서 매달 500만 원 정도 지출이 생긴다고 생각해보겠습니다. 그러면 1년이면 6천 만이 마이너스고, 2년이면 1억 2천만 원이 마이너스가 됩니다. 그런데 우리는 일상생활도 해야 되기 때문에 지출은 더 많이 발생될 것입니다. 가족이 있다면 생각만 해도 아찔합니다. 진짜 이런 살얼음 판인 환경 속에서 제대로 알아보지 않고 쉽게 창업하는 사람을 보면, '해보기 전까지 모른다'는 그 말이 정말 어떤 면에서는 정말 맞는 말일지도 모르겠습니다. **모든 상황을 실제로 겪어봐야 알 수 있습니다.**

대부분의 창업자 분들은 양도양수로 기존에 운영하는 가게를 산다는 생각은 잘 안합니다. 왜냐하면 상식적으로 생각했을 때 '잘 되는 가게를 누가 팔겠어!' 라고 생각을 하고, 프랜차이즈 본사와 상담했을 때 신규 자리만 예비 창업자에게 추천하기 때문에 양도양수에 대해서 잘 모릅니다. 이게 신규 창업을 하는 분들이 상대적으로 많은 이유입니다. 하지만 신규 창업은 매장이 알려지기까지 아무래도 시간이 많이 필요합니다. 문을 열었다고 바로 장사가 잘 되는 경우가 잘 없습니다. 물을 끓이는 과정과 비슷하다고 보시면 됩니다. 라면을 먹기 위해서 냄비에 물을 받고, 가스레인지에 물을 올려놓으면 물이 처음엔 잔잔하다가 그러다가 기포가 생기고, 기포가 많아지면 보글보글 끓는 물이 됩니다. 시간이 충분히 필요하죠. 장사도 물과 다르지 않습니다. 물을 냄비에 올려놓고, 물을 끓이는 것과 다르지 않습니다.

처음에는 손님이 없습니다. 하루에 1팀이 올까? 말까? 입니다. 매장을 아는 사람이 적으니깐요 그러다가 1팀 왔던 분이 매장을 와봤는네 괜찮다고 생각하면 다른 손님이랑 같이 매장을 방문합니다. 그러면 맛있게 먹었던 다른 손님은 또 다른 분들을 데리고 옵니다. 그렇게 입소문이 생기고, 단골이 많아지면서 장사가 잘되는 가게가 됩니다. **이렇게 안정적으로 매출과 수익을 가져가는 끓는점이 되기까지는 시간이 필요합니다.** 대게는 3개 월, 6개 월, 1년 정도라는 시간이 필요한데 이 시기에 많이 힘들어 하는 사장님들을 많이 봤습니다.

장사를 하기 전에 직장을 다니셨던 분들은 가게를 하기 전에는 직장에서 일을 잘하지 못해도, 언제나 정해진 요일이 되면 월급이 들어왔기 때문에 돈 걱정은 하지 않고, 회사에서 일을 어떻게 하면 잘할까? 에 대한 생각만 하면 됩니다. 하지만 가게는 다릅니다. 끓는 물이 되지 않으면 돈이 벌리지 않는 치명적인 단점이 있습니다. 이때 월급받았던 직장을 다녔던 사장님들은 정기적으로 받았던 월급이 더 이상 없고, 끓는점이 되기까지 매달 벌어 놨던 돈만 계속 사용하고 있으니, 심적으로 많이 힘들어하는 경우를 많이 봤습니다. 최악은 물이 끓지 않는 경우입니다. 가게를 오픈하고, 사람마다 살아온 환경이 달라서 어떤 사람은 3개월이면 매출과 수익을 잘 내지만 어떤 사람은 1년 정도 고생을 해야지만 제대로 된 수익이 나오는 사람도 있습니다. 레시피를 아는 사장님은 물을 끓일 때까지 불을 끄는 경우가 없기 때문에 물이 빨리 끓습니다. 하지만 경험이 없는 사장님은 물을 끓이다가 갑자기 아닌 것 같아서 불을 끕니다. 그렇게 되면 기포가 생기던 게 사라지고, 뜨거웠던 물은 어느덧 미지근한 물로 바뀝니다. 그리고 냄비가 바깥에 꺼내져 있다면 찬물로 바뀔지도 모르겠네요. 그래서 경험이 부족한 사장님은 물이 끓는 과정에 멈추고, 불을 키고, 다시 멈추고를 반복합니다.

저와 상담한 한 사장님도 처음에는 카페를 계약을 했는데, 생각보다 장사가 잘 안 되는 것 같아서 끓고 있을 때 물을 끄고, 많은 생각을 하고, 한식점으로 업종 변경을 한 사장님의 이야기를 듣게 된 적이 있습니다. **이렇듯 누군가는 3개 월 안에 가게 자리를 잡아 수익을 가져 가지만 어떤 사장님은 2년이 지나도 물이 안 끓을 수 있다는 이야기를 들려드리고 싶었습니다.**

만약 남들처럼 끓는 지점이 오래 걸린다고 했을 때 그 기간을 버틸 수 있는 사람 자체가 많이 없는 게 현실입니다. 그리고 여기서 버티지 못하는 사장님들 중에 지출 관리를 못해서 매출은 괜찮은데, 나가는 비용이 너무 많아서 결국 돈을 못 벌어가는 사장님도 봤습니다. 그래서 대부분 이 기간을 잘 버티지 못해서 생각보다 많이 힘들어 하는 분들을 많이 봤습니다. 저는 장사를 하기 위해서는 경험이 중요하다고 생각하지만, 많은 분들이 장사를 하기 위해서 경험을 자격증으로 생각하는 분들이 있습니다. 자격증보다 중요한 건 현장 경험이라는 걸 말해주고 싶습니다.

제가 아는 A 사장님의 이야기를 들려드리겠습니다. A 사장님께서는 제게 매장을 인수를 받았는데, 인수를 받고 나서 장사를 정말 잘 하셨습니다. 사장님을 보면서 '와, 기존 점주님께서 운영을 잘 못하지 않았는데, 가게도 처음 해보시는 분이 왜 이렇게 일을 잘하지?' 하고 궁금해졌습니다. 그래서 한번은 사장님을 찾아가서 여쭤봤던 적이 있습니다. 그때 A 사장님은 제게 이렇게 말씀해줬습니다.

"사실은 내가 여기 가게를 하기 전에 해당 매장을 하고 싶어서 장사 잘되고 있는 곳을 직접 찾아가서 사장님께 부탁해서 일할 수 있냐고 여쭤 봤어요."

처음에는 거절했던 그쪽 사장님도 흔쾌히 일을 한번 해보라고 이야기를 해줘서 일하게 되었다고 합니다. 실제로 가게를 차릴 생각이 있었기 때문에 직원처럼 일하지 않고, 내가 가게를 운영하는 사장님이라고 생각하고 일했다고 합니다. 그 분은 한 사람이 10명처럼 일하는 느낌으로 정말로 매 순간 최선을 다해서 일했다고 합니다. 당연히 이러한 노력을 알아봤던 그쪽 사장님께서는 일을 배우는 과정에서 값진 노하우를 많이 알려주었습니다. 그렇게 배운 노하우를 갖고, 실제로 같은 업종의 가게를 다른 곳에서 오픈하면서 장사가 잘되게 되었습니다. **그때 바로 창업을 시작한 게 아니라 다른 가게에서 충분한 경험을 하고, 오픈을 해서 다행이라고 강조하셨습니다.** 그 덕분에 지금 인수 받은 가게가 매출이 잘 나오는 것 같다고 하셨습니다. **저는 이런 게 진짜 경험이라고 말씀드리고 싶습니다.**

다른 사례도 있었습니다. 처음에 제게 카페를 한번 알아보고 싶다고 오신 손님이 있어서 저는 카페 창업을 어떤 식으로 시작하고, 어떤 과정으로 어떤 매장을 손님 분들이 많이 선호하는지 말해주었고, 기존에 나와져 있는 가게 중에서 괜찮은 가게를 보여주었습니다. 그리고 나서도 통화를 많이 했는데, 마음에 들었던 카페를 보고는 한 참 동안 연락이 없었습니다. 그리고 저는 손님을 잊은 상태로 일을 하고 있었는데, 어느 날 손님이 생각나서 전화를 걸었는데, 카페를 안 하기로 결정을 내렸다는 말씀해주었습니다. 그래서 저는 "왜 카페를 안 하려고 하는 건가요?"라고 여쭤봤습니다. 카페를 운영하려고, 몇 개월 동안 여러 카페를 가서 일을 배워봤는데 카페 운영이 쉬울 거라고 생각했는데 일을 배우면서 그게 아니라는 걸 알게 됐다는 것입니다.

사장님은 제게 어떤 경험을 하셨는지 구체적으로 말씀해주지는 않았지만 안 하기로 결심한 데는 이유가 있었을 겁니다. 만약 장사를 하기 전에 카페 일을 직접 해보지 않고, '잘 되겠지.'라는 생각으로 카페를 오픈했다면 많이 후회했을지 모르겠다고 말씀해주었습니다. 이렇게 무언가를 결정하는 데 있어서 힘들면 실제로 운영하는 사장님들을 만나서 실질적인 이야기를 듣거나 직접 일을 해보는 걸 추천드리고 싶습니다.

장사를 하기 위해 두 사장님처럼 실천했던 노력들이 장사를 하는 데 실질적인 도움이 되고, 반대로 장사를 하기 위해서 쌓은 경험이 자격증이라고 생각해서 자격증을 많이 보유한 상태로 장사를 시작하신 많은 사장님들이 느끼게 된 현실은 자격증이 있어 도움이 된 부분이

있겠지만 장사를 잘하는 분들을 만나서 배웠던 게 확실한 도움이 된

다고 말씀해주셨습니다. **자격증도 중요하지만 자격증만큼 중요한 건**

경험이라는 말을 해드리고 싶었습니다.

유행 아이템하면 망하는 이유

———————————

    단기간에 어떤 아이템이 장사가 잘 된다는 이야기가 주변에 들리면 같은 아이템으로 오픈하는 가게들이 엄청나게 많이 생기는 걸 목격하게 됩니다. 입소문이라는 게 참 무섭기도 한 것 같습니다. 주가가 떨어졌을 때는 해당 기업에 대한 부정적인 글이 인터넷에 도배가 되다가 주가가 다시 올라가면 그전에 떠돌아 다녔던 부정적인 말들은 더 이상 없고, 긍정적인 기사들이 많이 올라옵니다. 부정적인 말이 시장에 돌아다녔을 때 보다 주가가 올랐다는 긍정적인 메시지가 부정적인 메시지에 비해 소문이 훨씬 빠릅니다. 신기한건 주가가 하락해서 구매하기 좋은 시기에 구매하는 사람보다 주가가 많이 올라갔다는 긍정적인 메시지가 들렸을 때 주식을 매수하는 분들이 더 많은데, 자영업이 그렇습니다. 제가 15년도부터 창업컨설팅 일을 하면서 이런 모습을 정말 많이 목격 했습니다. 아이템은 시기마다 다 다릅니다. 제가 처음 일을 시작했을 때는 저가에 용량이 많은 과일 주스가 인기 아이템이었습니다. 확산성은 어머 어마했습니다. 당시 대표 했던 브랜드가 있었는데 무려 600호점까지 오픈을 했었습니다. 하나의 브랜드가 잘 되는 게 소문이 돌자 주변에서 다른 브랜드가 생겨났고, 개인 매장들까지 포함해서 용량이 많은 과일 주스를 판매하는 가게들이 엄청나게 많은 매장들이 생겼습니다. 하지만 1년 정도가 지나면서 그렇게 많았던 매장들이 많이 사라졌고, 지금은 제가 말한 아이템의 대표 브랜드 역시 잘 보이지가 않습니다. 그리고 이후에도 많은 유행 아이템이 있었습니다. 한때는 카스테라가 유행을 해서 엄청나게 많은 카스테라 전문점이 생겼습니다. 처음 오픈 당시에 줄 서서 먹을 정도로 사람들이 많이 찾았습니다. 옛날에 먹었던 카스테라 빵이 생각이 났던거죠.. 하지만 지금 돌아보면 카스테라만 전문으로 판매하는 점포들은 대부분 문을 닫았습니다. 그리고 한때는 인형 뽑기가 엄청난 호재였습니다. 당시에 인형 뽑기 열풍이라는 말도 있었습니다.

하지만 유행처럼 확산되는 업종은 매우 위험합니다. 왜냐하면 유행을 타지 않게 되면서 많은 가게들이 문을 닫는 걸 정말로 많이 봤기 때문입니다. 이는 투자에서도 마찬가지입니다. 많은 분들이 관심을 갖고 보고 있던 비트코인으로 돈을 벌었다는 이야기를 듣고, 너도 나도 투자를 했지만 크게 하락을 해서 많은 사람들이 손해를 보게 됐고, 어떤 분들은 투자로 인해서 빚까지 생겼습니다. 하지만 과거에 대폭 폭락했던 금액 이상으로 현재는 회복했지만 대부분은 마이너스를 버티지 못하고, 당시에 손해를 봤기 때문에 결국 돈을 번 게 아니었습니다. 지금처럼 다시 잘 됐을 때는 이미 나오는 거리가 먼 이야기처럼 변질되어버렸죠. 가게도 마찬가지입니다. 유행하는 업종을 선택하면 비트코인처럼 갑자기 매출이 확 늘어납니다. 그리고 주변에 같은 아이템을 판매하는 업체가 하나씩 늘어난다고 해도 다들 장사가 잘 됩니다. 처음에는 '아, 이렇게 좋은 아이템과 사업이 있었는데 왜 나는 그런 것도 모르고, 왜 이제야 창업을 했을까?' 라고 생각하며 매일 웃음이 떠나질 않습니다. 하지만 갑자기 장사가 어제만 해도 엄청 잘 됐던 매장인데, 나는 어제처럼 손님들께 친절하게 팔았을 뿐인데, 내가 뭘 잘 못한 건 없는데, 정말로 갑자기 발길이 끊겨서 더 이상 오는 손님이 없어지는 경우들이 있습니다.

그러면 어떻게 될까요? 최근에 탕후루를 운영하는 사장님을 만난 적이 있습니다. 사장님은 탕후루가 열풍이 불어서 목 좋은 자리에 월세 400만 원에 가게를 얻으셨습니다. 당시에 탕후루가 열풍을 했고,

몇 달간 몇 천 만 원이 훌쩍 넘는 돈을 벌었다고, 말을 해줬습니다. 그때는 권리금 3억 주면 가게를 팔겠다고 말할 정도로 팔 생각이 없다고 저한테 말을 해주었습니다. 당연히 그만큼 장사가 잘 됐기 때문에 앞으로도 행복한 일만 일어날 거라고 믿었다고 했습니다. 제게도 투자한 금액에 몇 배가 되는 금액을 주는 사람이 있으면 가게를 정리하고, 아니면 계속 장사를 해도 상관이 없다고 말했는데, 이는 현 사장님 말고도 정말로 당시에 많은 탕후루 사장님들이 제게 같은 말을 해줬습니다.

그런데 현재는 사장님께서 제게 다른 말을 해주십니다. "이제는 탕후루를 찾는 분이 없어요. 매출은 없고, 가게 고정적으로 나가는 지출 때문에 걱정이 이만저만이 아니에요." 투자한 금액도 많은데 결국 철거를 하고, 어떤 분은 장사가 잘 되지 않으니, 다른 업종으로 업종 변경도 생각하고 있다고, 제게 말해주었습니다. 불과 몇 달 전에 3억을 주면 팔겠다는 사장님이 맞나 싶을 정도였습니다.

이렇게 유행 업종을 선택해서 갑자기 장사가 잘 안 되는 사장님들이 생각보다 많습니다. 그런데 이미 상가 계약을 했기 때문에 세입자가 구해지지 않으면 장사는 해야 되는데 탕후루로 장사가 안 되니, 나가는 고정 지출 비용이 부담이 돼서 이 상태로 유지하는 것보다 다른 아이템으로 업종 변경을 해서 운영을 해야겠다고 생각하는 분도 있었습니다. 그런데 무슨 업종을 해야 될지도 모르겠고, 매달 내는 월세가 너무 부담스럽다고 말을 해주었습니다. 그런 이야기를 들으면 마음이 아픕니다. 이유는 그렇게 오픈했던 사장님들이 우리 주변에 있는 친척일 수도 있고, 부모님일 수도 있고, 자녀일 수도 있고, 친한 친구일 수도 있기 때문입니다. 내가 가장 좋아하는 사람이 장사를 시작해서 큰돈을 잃어버리는 걸 상상하면 정말로 가슴이 아프기 때문에 상상하고 싶지 않습니다.

그리고 유행하는 아이템이 잘 나가고 있을 때 그 매장을 비싸게 인수 받는 분들도 많이 봤습니다. 투자금액이 적게 들어간 분들은 그래도 장사가 잘 됐을 때 돈을 잘 벌었기 때문에 큰 손해가 아닐 수 있습니다. 하지만 잘 된다는 이야기를 듣고, 비싼 권리금을 주고 가게를 구매한 사장님들 중에 힘들어진 사장님이 많았습니다.

유행 아이템들이 비싼 권리금을 받을 수 있는 건 권리금은 정해져 있는 금액이 없기 때문에 그렇습니다. 장사 하시는 분 역시 장사를 잘하면 더 받고 팔 수 있고, 반대로 장사가 잘 되지 않으면 투자한 금액을 많이 손해보고, 정리할 수밖에 없는 게 현실입니다. 하지만 유행 업종이 언제 인기가 사라질지는 아무도 모르지만 일단 유행을 하고 있고, 장사가 다른 가게에 비해서 잘되기 때문에 누군가는 비싼 권리금을 주고 가게를 구매할만한 매력이 충분합니다. 이때 가게를 파는 사람은 웃고 있지만 가게를 샀던 사람은 유행 아이템 시기가 지나서 장사가 잘 안 될 때 힘들어 하는 사장님들의 모습을 많이 봤습니다.

비싸게 구매를 했던 사장님도 처음에는 비싸게 구매했다는 생각은 전혀 하지 않습니다. 오히려 장사가 잘되니 기회가 왔을 때 돈을 주고. 매장을 잘 구매했다고만 생각합니다. 하지만 어느 순간부터 점점 매출이 줄어드는 걸 보면서 본인이 '비싸게 매장을 샀구나!'라는 걸 점점 깨닫게 될 때 그때는 이미 늦었습니다. 결국 열심히 일해도, 투자한 금액이 많아서 다음 사람한테 회수가 안 되니 결국 많은 손해를 보고 가게를 정리하는 분들을 정말로 많이 봤습니다.

예전에 기억에 남는 아이템 중에서 연어가 떠오르네요. 제가 어렸을 때는 연어는 비싼 음식인 줄 알았던 게 회는 많이 먹어도 연어를 먹은 적은 거의 없었기 때문에 저는 어렸을 때 연어가 비싸다고 생각했습니다. 그런데 어느 날 연어 무한리필 집들이 주변에 많이 생겨났었습니다. 평소에 해산물을 좋아했고, 연어를 좋아했던 저는 연어 무한 리필 집 단골이 되었습니다. 그때 생겼던 연어 무한리필 사장님이 제게 의뢰를 줬던 적이 있었는데 말도 안 될 정도로 매출이 높았습니다. 하지만 지금은 그렇게 많이 생겼던 연어 무한 리필 가게가 찾아보기 힘들 정도로 많이 사라진 걸 보면서 지금 누가 봐도 예측 가능한 유행 아이템이 아니라도 **지금 핫한 업종도 마찬가지로 꽃이 지는 시**

기는 반드시 있다는 걸 알았으면 좋겠습니다.

반대로 지금 당장 핫한 아이템은 아니지만 우리가 자주 이용하는 아이템들은 업체는 바뀌어도 아이템이 사라지는 경우가 잘 없습니다. 제가 알고 있는 치킨집 사장님이 그렇습니다. 괜찮은 프랜차이즈를 계약하고 매출이 크게 변동이 없이 꾸준히 지금도 잘 나옵니다. 그래서 순익도 괜찮습니다. 갑자기 매출이 증가할 때는 월드컵처럼 큰 경기를 할 때는 주문 양이 폭발하지만 그뿐입니다. 그리고 사장님은 현재 같은 프랜차이즈로 한 지역에서 10년 째 장사를 하고 계십니다. 그리고 제가 아는 사장님은 김밥 분식집을 운영하고 있는데 크게 매출이 요동치지 않고, 꾸준히 나오고 있고, 현재 15년 째 한 자리에서 김밥 집을 계속 운영을 잘하고 계십니다. 우리가 창업을 할 때 생각해야 하는 건 제가 말했던 분들처럼 **단기간에 유행 하는 아이템을 선정하는 게 아니라 오래 할 수 있는 아이템을 잘 선정해서 창업을 하는 게 장사를 하는데 있어서 중요하다**는 말을 해드리고 싶었습니다.`

프랜차이즈 할 때 기억해야 할 것

저는 프랜차이즈를 운영하는 대표님들이 멋지다고 생각합니다 만약 프랜차이즈가 없었다면 어린 시절부터 요리를 전공했던 분들이 차근차근 단계를 밟고, 창업할 수밖에 없을 것이고, 그래서 창업에 대한 장벽이 굉장히 높아졌을 겁니다. 하지만 프랜차이즈 회사가 그 장벽을 많이 해소해줬기 때문에 요식업을 잘 모르는 분들도 쉽게 창업할 수 있게 됐습니다. 그래서 프랜차이즈를 선택 하는 게 저는 여러모로 좋다고 생각합니다. 하지만 프랜차이즈를 선택할 때도 장단점은 명확하게 있는 것 같습니다. 저는 오늘 그 부분을 이야기 해보려고 합니다.

그럼 프랜차이즈의 장점이 어떤 게 있는지 먼저 살펴볼까요?

프렌차이즈의 장점

1. 레시피가 있습니다

프랜차이즈에서 제공하는 메뉴 레시피는 처음 창업하는 분도 쉽게 조리를 할 수 있을 정도로 메뉴를 간편하고, 쉽게 만들어줍니다. 그러면 장사를 처음 하는 분 입장에서 창업을 시작하는 것이 한결 수월해집니다. 그래서 처음 창업하는 분들이 창업하는데 가장 어려운 메뉴에 대한 어려움을 프랜차이즈 회사에서 줄여주기 때문에 메뉴에 대한 스트레스가 있으신 사장님들은 개인으로 창업하는 것보다 프랜차이즈 창업이 괜찮다고 생각합니다. 그리고 우리는 기존 메뉴도 좋지만 소비자를 위해서 신 메뉴도 계속 개발을 해주어야 합니다. 프랜차이즈 회사에서는 기존 메뉴만 제공해주는 게 아닙니다. 본사에서 새로운 메뉴 개발을 하고, 괜찮다고 판단이 되면 새로운 메뉴를 점주님께 바로 제공해준다는 점은 프랜차이즈 장점이라고 생각합니다.

2. 가게를 팔기가 좋습니다.

가게를 할 때는 3가지를 기억해야 합니다. 가게를 구매할 때 가게를 운영할 때 가게를 팔 때 이렇게 가게 할 때는 3가지가 중요합니다. 그중 가게를 처음 시작하려는 분들은 대부분 판매까지 생각하지 않고, 창업하는 경우가 많습니다. 하지만 저는 가게를 운영하는 분들 중에서 평생 가게를 해야지? 라고 생각해도 가게를 오랜 기간 하시는 분들을 만난 적이 없기 때문에 가게를 할 때부터 판매를 생각하고, 가게를 구해야 되는 게 맞습니다. 그래서 프랜차이즈 매장들이 대체적으로 계약이 잘 됩니다. 프랜차이즈 매장들이 개인 매장보다 계약이 잘 되는 이유는 두려움 해소 때문이라고 생각합니다. 창업을 하는 분들은 시작에 대한 두려움이 많아서 개인으로는 잘 오픈하지 않고, 프랜차이즈 도움을 얻어서 창업을 하려는 사람이 많기 때문에 저는 처음부터 장사에 대해서 잘 모르는 무지한 상태에서 장사를 한다면 프랜차이즈 창업 괜찮다고 생각합니다. 왜냐하면 가게를 할 때도 좋고, 운영할 때도 괜찮지만 무엇보다 가게를 내놓을 때도 프랜차이즈를 선택한다는 건 어느 정도 두려움이 해소가 되기 때문에 가게를 판매할 때 계약하기가 유리하다는 장점이 있습니다.

3. 마케팅에 유리합니다.

가게를 오픈한다고 장사가 바로 잘 되지 않습니다. 현 위치에서 어떤 아이템으로 장사를 하고 있다면 주변에 있는 사람들에게 내가 운영하는 매장이 알려지는 것이 무엇보다 중요합니다. 만약 개인으로 오픈을 했다면 다른 것도 중요하지만 어떻게 하면 내 가게를 많은 사람들한테 알릴까? 에 대해서 항상 생각해야 됩니다. 만약 그게 생각만큼 잘 되시 않으면 메뉴 맛이 좋아도 매출로 바로 이뤄지지 않기 때문에 운영하는 매장이 손님들에게 알려지기 전까지는 장사가 힘들 수 있습니다. 하지만 프랜차이즈를 하게 되면 이미 해당 프랜차이즈를 알고 있는 고객이라면 맛이 없다는 의심을 하지 않고, 해당 매장을 방문해서 주문합니다. 심지어 유명 프랜차이즈 회사에서는 연예인을 모델로 비용을 지불해서 광고를 하고 있고, 심지어 신 메뉴가 나오면 TV 프로그램에 광고비를 지불하고, 광고를 저를 대신해서 프랜차이즈 본사에서 광고를 해주기 때문에 매출이 상승하기도 합니다. 그러면 해당 프랜차이즈로 장사를 하고 있는 우리는 마케팅을 따로 하지 않아도 내가 하고 있는 브랜드를 이미 많이 알고 있는 고객은 내가 운영하는 매장을 방문 해줄 겁니다. 그래서 신규로 프랜차이즈를 오픈한 사장님들을 보면 처음부터 이름이 알려져 있는 프랜차이즈를 시작해서 첫 달부터 장사가 잘 되는 경우들이 많다는 점은 장점이라고 생각합니다.

그러면 프랜차이즈를 하면 어떤 단점들이 있을까?

• 프랜차이즈의 단점

1. 비용이 부담이 됩니다.

창업을 결심하게 되면 '돈'을 빼놓고 이야기 할 수 없습니다. 창업을 하고 싶어도 돈이 없으면 창업에 도전할 수 없고, 돈이 있다고 해도 내가 원하는 매장을 할 돈은 없을 수도 있습니다. 처음에는 창업에 대해서 잘 모르기 때문에 프랜차이즈를 하고 싶은 마음에 창업박람회도 다녀오고, 프랜차이즈 본사랑 만나서 대화를 나눠보지만 생각보다 많은 금액 때문에 선뜻 창업을 망설이는 분들이 많은 것도 사실입니다. 그래서 어떻게 하면 적은 금액으로 창업 할 수 있을까?에 대해서 생각해보다 개인 매장을 하게 됐다는 이야기를 들어보면 프랜차이즈를 안 하고 싶어서 안하는 게 프랜차이즈에서 요구하는 금액이 부담 돼서 못하는 거라는 걸 알게 됐습니다.

2. 프랜차이즈가 망하면 나도 망합니다.

프랜차이즈 회사가 많이 생겨나는 만큼 제대로 된 성장을 하지 못하고, 지점들이 점점 줄어드는 프랜차이즈 회사들이 있습니다. 혹은 프랜차이즈 회사에서 마케팅에 힘을 입어, 꽤 많은 지점들이 생겼는데 예전에 100개 지점이 있던 게 지금은 10개도 안남아 있는 프랜차이즈 매장들이 많이 있습니다. 이렇게 많은 지점이 사라지는 이유가 있는데 그걸 잘 모르고, 해당 브랜드로 오픈을 하는 경우 매우 위험하고 생각합니다. 신규로 프랜차이즈 회사에 큰돈을 주고 내가 원하는 프랜차이즈 매장을 오픈했는데, 이미 끝물이었던 프랜차이즈를 선택해서 생각보다 인기가 없어서 수익이 좋지 않은 매장을 하게 된 사장님들도 있습니다. 그래서 프랜차이즈 회사를 잘 선택하는 게 중요합니다. 장사로 개인으로 오픈하기가 어렵다면 괜찮은 프랜차이즈 매장을 선택 하는 게 중요하다고 생각하기 때문에 해당 프랜차이즈 매장을 계약하려는 생각이 들었다면 프랜차이즈 회사를 다시 한 번 잘 알아보고 계약하는 걸 추천 드립니다.

2-1 어떻게 프랜차이즈 회사를 잘 알 수 있을까?

누구든 가맹사업거래정보제공시스템을 들어가면 프랜차이즈 정보공개서 열람이 가능하기 때문에 정보공개서 열람으로 프랜차이즈에 대한 정보를 검색 해보는 것도 좋습니다. 정보 공개서에 해당 프랜차이즈를 보면 과거 데이터와 현재 데이터가 있기 때문에 변화 추이를 볼 수 있습니다. 그리고 해당 프랜차이즈를 인터넷에 검색하면 해당 브랜드에 대한 최신 블로그 글과 뉴스기사가 많다는 것도 좋은 프랜차이즈로 해석해도 됩니다. 저처럼 컨설팅 하는 분들이 양도양수 희망 하시는 분들 전화를 받으려고, 블로그에 글을 적는 경우가 많기 때문에 그렇습니다. 그리고 블로그 하시는 분들 중에 조회 수를 올리기 위해 조회 수가 많이 나오는 프랜차이즈 회사 글을 적는 경우들도 많이 있습니다. 혹은 프랜차이즈 회사, 아니면 프랜차이즈를 직접 운영하고 있는 점주님께서 블로그 분들께 광고비를 주고, 글을 올려달라고 요청하는데, 글이 많이 없다는 건 가맹점 수 도 많이 줄었고, 회사에서도 이제는 마케팅 하는 것에 큰 의미를 부여하지 않는다는 말이기도 합니다. 그리고 관련 뉴스 기사도 많이 없다면 해당 프랜차이즈는 이미 많은 분들께 인기가 사라진 프랜차이즈일수도 있기 때문에 내가 하려는 업종이 괜찮은 프랜차이즈인지는 한번 되짚어서 생각해 볼 필요가 있다는 말씀을 드리고 싶습니다.

2-2 그래도 걱정이 된다면 전문가에게 상담을 받아보자

권리금 양도양수를 전문적으로 진행을 해주는 컨설팅 업체를 만나서 상담 받아 보는 걸 추천 드리고 싶습니다. 저희는 가게를 운영하는 분, 프랜차이즈를 설립한 대표님보다 창업에 대해서 잘 알지는 못합니다. 왜냐하면 저희는 장사를 직접 해본 적은 없고, 운영하는 매장을 정리하고 싶다고 했을 때 인수 받고 싶은 분을 연결해주는 일만 했기 때문에 그렇습니다. 하지만 저희는 '전문가'라고 불립니다. 이유가 뭘까요? 바로 남들이 가지고 있지 않은 정보를 가지고 있기 때문입니다. 정보는 바로 많은 물건입니다. 내가 하고 싶은 업종에 대해서 나와져 있는 많은 매장을 알기 때문에 창업 컨설팅 일을 하는 분들이 손님에게 전문가 소리를 듣는 것이라고 생각합니다. 그리고 저희는 하나의 매장만 취급하지 않습니다. 바로 여러 프랜차이즈를 취급하기 때문에 비교분석해서 객관적인 설명이 가능한 부분이 있다는 점에서 장점이라고 생각합니다.

한번은 고객이 제게 찾아온 적이 있었습니다. 사장님은 원하는 프랜차이즈가 명확했습니다. 명확하게 어떤 프랜차이즈를 콕 집어서 그 프랜차이즈에 해당 되는 매장을 양도양수를 받고 싶다고 제게 말했습니다. 하지만 저는 그 프랜차이즈의 해당 점포를 운영하는 많은 사장님들과 소통하면서 해당 프랜차이즈 매장들이 장사가 안 되고 있고, 지점도 많이 사라졌다는 걸 알았습니다. 하지만 소비자는 잘되는 프랜차이즈 매장만 알고 있지 지점이 많이 있었다가 줄었는지는 그리고 해당 프랜차이즈 사장님이 장사가 잘 되는지 잘 안 되는지에 대해서는 잘 모릅니다. 왜냐하면 사장님께서 해당 프랜차이즈를 선택한데 있어서는 장사가 잘 되는 매장만 가봤기 때문에 장사가 잘 되는 프랜차이즈라고만 생각할 수 밖에 없기 때문에 그렇습니다. 그렇게 잘 되는 매장을 보니, 해당 프랜차이즈가 괜찮다고 생각이 들면 예비 창업자는 프랜차이즈 본사에 연락해서 회사에 있는 직원 분들을 만나서 점포 개설 상담을 합니다. 상담을 하면 당연히 해당 프랜차이즈의 직원 분께서는 점포 개설을 위해 해당 프랜차이즈 점포의 장점만을 말합니다.

그렇게 되면 해당 프랜차이즈의 단점은 보이지 않고, 장점만 기억하게 됩니다. 물론 단점도 있지만 단점도 당당하게 이야기를 해서 걱정되는 부분을 해소시켜주면 단점도 단점으로 안 느껴지니, 남는 건 장점에 대한 이야기만 남는 거죠. 그리고 창업 컨설팅 일을 하고 있는 저희도 특정 브랜드를 비난하지 않습니다. 실제로 지점이 많이 사라진 프랜차이즈 회사라고 해도 프랜차이즈 중에서 장사가 잘 되는 곳들이 몇 개의 지점 있긴 하니깐요. 물론 내놓은 가게들 중에 장사가 안 되는 가게들이 훨씬 많지만요. 저는 그래서 사장님께서 해당 프랜차이즈 점포 양도양수를 희망할 때 프랜차이즈 회사를 비판하지 않고, 제가 보유한 프랜차이즈의 물건을 보여주기만 합니다. 그리고 판단은 손님께 선택을 맡기는 거죠. 그때 손님도 마찬가지였습니다. 하지만 제가 보유한 물건들 중에는 해당 프랜차이즈 점포 중 매출이 잘 나오고 있는 매장이 없어서 저는 계약을 못하겠거니, 생각하고 보여드렸습니다. 그때 고객은 제게 이렇게 말했습니다.

"담당자 님을 만나기 전에 사실 여러 전문가 분들을 많이 만난 건 사실입니다. 그때 제가 원했던 프랜차이즈의 점포 물건들만 고집해서 브리핑을 받았는데 담당자님까지 좋은 점포가 없는 거 보니, 해당 프랜차이즈 점포를 계약하면 안 될 것 같다는 생각이 들었습니다. 그러면 제게 그럼 지금 잘 되고 있는 같은 업종의 다른 프랜차이즈의 점포를 보여 주세요."

그래서 저는 기존에 사장님께서 원했던 프랜차이즈가 아닌 현재 고객이 원하는 업종에서 잘 되는 매장을 보여줬습니다. 결과는 제가 브리핑 드렸던 매장을 손님께서 계약을 해주셨습니다.

처음에 브리핑을 받고서 손님은 제가 브리핑 드리는 매장이 정말 잘 될까?'에 대해서는 잘 모르겠다는 식으로 말씀해주셨습니다. 매출과 수익은 좋았지만 제가 브리핑한 프랜차이즈 매장을 좋아하지 않았거든요. 저랑 인연이 아니었나보다 생각했었습니다. 그리고 2달 정도 지나서 손님은 제게 다시 연락을 주셨습니다. 당시에 제가 브리핑 했던 프랜차이즈 매장이 사장님께서 봤을 땐 크게 매력이 없다고 느꼈는데, 시간이 지나서 매력이 많은 프랜차이즈 점포라는 걸 알게 됐다고 했습니다. 생각보다 많은 프랜차이즈 매장을 봤었는데, 제가 브리핑 드렸던 프랜차이즈 매장 대부분이 장사가 잘되는 걸 보고 2달 전에 제가 브리핑 했던 점포가 괜찮다는 확신이 들었고, 다른 전문가 분들이 보유하고 있는 같은 프랜차이즈 매장도 좋았지만 집과는 거리가 멀었는데 제가 브리핑 드렸던 점포가 해당 집과 가까워서 확실히 괜찮고, 매출 대비 권리금이 나쁘지 않은 것 같다고 제게 말을 해주셨고, 그렇게 저와 인연이 돼서 제가 전에 브리핑 드렸던 프랜차이즈 점포를 계약을 해주셨습니다. 그리고 현재도 해당 프랜차이즈 점포를 잘 운영하고 있습니다. 이런 사례를 제가 말씀드리고 싶은 부분은 전문가와 상담을 해보는 것도 괜찮다고 말씀드리고 싶어서 예를 들어서 설명 드렸습니다. 저처럼 일하는 컨설턴트 분들이 많이 있습니다. 그리고 저희는 상담을 하는데 있어서 비용을 받지 않습니다. 비용은 고객 분이 저희가 소개시켜드린 매장을 계약을 하겠다고 했을 때 발생이 됩니다. 그렇기 때문에 계약을 하기 위해서 저 포함한 많은 전문가 분들을 만나서 상담을 통해 나와져 있는 점포들을 많이 소개 받다 보면 내가 구매하는 매장이 괜찮은 매장인지 알 수 있습니다.

이렇게 전문가를 통해서 알아보면 소중한 목돈을 지킬 수 있기 때문에 해당 프랜차이즈 점포를 할 거라면 전문가 분들을 만나서 나와져 있는 가게를 브리핑 받아보는 걸 추천 드리고 싶습니다. 실제로 해당 프랜차이즈 매장을 양도양수로 브리핑을 받고, 잘 알아본 뒤에 신규로 창업하신 사장님도 있는데 잘 알아본 만큼 상권을 잘 선택해서 장사가 잘 됐다고 했던 분들도 있었습니다.

3. 내 마음대로 가게를 바꿀 수 없다.

처음에 프랜차이즈가 괜찮다고, 생각해서 해당 프랜차이즈와 가맹 계약을 맺고, 매장을 운영하고 있지만 한 번씩은 아쉬울 때가 찾아옵니다. 내가 있는 상권에서 프랜차이즈 매장을 운영을 하다 보면 부족한 것들이 내 눈에는 보이지만 그렇다고 다른 메뉴를 팔수가 없다는 점에서 많이 아쉬워하는 분들이 있습니다. 한편으로는 본사에서 받아서 사용하는 재료비가 높다고 불만을 느끼는 점주님 분들도 있었습니다. 어떤 면에서는 본사 제품이 좋은 제품을 사용하고 있다고 생각하지만 내가 사입 해서 사용하면 원자재 값을 더 줄일 수 있다고 스스로 생각하는 점주님들도 있지만 그런 부분에 있어서도 내 마음대로 사입 해서 쓰지 못하는 부분도 있어서 이런 점은 싫다고 느끼는 분들이 있었습니다.

4. 로열티가 부담된다.

좋은 프랜차이즈를 잘 만나서 운영을 하다 보면 장사가 잘되는 장점도 있지만 한편으로는 프랜차이즈에서 매달 요구하는 로열티가 못마땅할 때도 많이 있습니다. 장사가 잘 될 때는 프랜차이즈 로열티가 문제가 되지 않습니다. 하지만 프랜차이즈라고 해서 장사가 매달 잘되는 게 아닙니다. 그러다 보면 프랜차이즈에서 가져가는 로열티가 머릿속에서 생각날 때가 있습니다. 적게 받는 곳도 있지만 어떤 곳은 매출 5%를 로열티로 가져가는 곳도 있습니다. 예를 들어 내가 5천만원을 판매하면 5천만 원에 5%이기 때문에 250만 원입니다. 이 금액을 다르게 생각하면 로열티가 많기 때문에 매출이 높으면 월세를 두 번 낸다고 생각할 수도 있습니다. 그렇기 때문에 로열티가 부담으로 느껴질 수도 있습니다.

프랜차이즈를 선택했을 때 4가지 단점이 있지만, 그래도 저는 프랜차이즈가 괜찮다고 생각합니다. 2024년 현재, 실무에서 9년을 일해 보면서 프랜차이즈를 하는 게 잃는 것도 많지만 장점도 많이 있다는 걸 일을 하면서 알았습니다. 괜찮은 프랜차이즈를 잘 선택했다면 꽤 오랜 기간 많은 분들께 사랑을 받으면서 오랜 기간 운영할 수 있으니깐요.

하지만 개인으로 오픈하면 처음부터 하나부터 열까지 직접 다 해야 됩니다. 이 부분이 힘든 건 사실입니다. 그렇기 때문에 저는 잘 모르는 사람이라면 프랜차이즈 선별 능력만 잘 갖춰진 상태에서 프랜차이즈를 처음에 선택하고, 그리고 운영을 해본 경험치를 가지고 개인 매장을 시작하는 점도 고려해볼 수 있습니다. 실제로 제가 만난 사장님들 중에서는 이런 분들이 있었습니다. 처음에는 프랜차이즈를 여러 점포를 운영을 하면서 장사에 대한 감각을 익혔고, 이제는 본인이 개인매장을 직접 오픈해서 장사를 잘하셨던 사장님도 있고, 개인매장이 장사가 잘 되는 걸 확인하고, 프랜차이즈 회사를 만들어서 가맹점 유치를 해서 큰돈을 벌었던 분들도 몇 분도 있습니다.

그럼 프랜차이즈를 만약에 한다면, 어떤 점을 주의하면 좋을까요?

· 프랜차이즈를 선택할 때 주의할 점

1. 프랜차이즈 예상 매출액을 주의하세요

2014년 2월에 가맹사업거래의 공정화에 관한 법률로 프랜차이즈가 신규로 해당 프랜차이즈 매장을 오픈할 때 점주에게 예상 매출액을 공개 하는 게 의무화 됐습니다. 그래서 해당 프랜차이즈를 오픈을 하려는 점주님은 해당 상권을 분석을 해서 해당 업종을 하려고 했을 때 예상 되는 매출액에 대해서 본사 설명을 듣고, 계약을 하게 됩니다. 하지만 많은 프랜차이즈 점포들에 문제가 발생됐습니다. 바로 예상 매출액이 정확한 점포가 생각보다 많이 있지 않다는 겁니다. 신규로 입점하는 예비 창업자 분들께서는 해당 프랜차이즈 예상 매출액이 당연히 맞겠지! 전문가 분들인데, 라고 생각을 해서 계약을 합니다. 하지만 예상 매출액을 듣고 오픈을 했는데, 본사에서 들었던 예상 매출액보다 많이 못 미치는 매출을 보면, 뭔가 억울하고 사기당한 것 같다고 본사 믿고 가게 오픈한 걸 후회한다는 사장님들도 많이 있었습니다. 그렇다고 프랜차이즈 회사에서 예상매출이라고 했기 때문에 실제로 항의를 할 수 없습니다. 왜냐하면 프랜차이즈 본사도 미래를 예측할 수는 없으니깐요. 본사는 다른 지점들과 대조했을 때 비슷한 상권에서 나오는 매출을 이야기 해줬고, 정확히 알 수는 없습니다. 하지만 저는 이렇게 생각하기도 합니다. 만약 예상 매출액을 정하고, 점주님이 운영을 하는 게 아니라 해당 프랜차이즈에서 직영점으로 직원을 두고, 운영을 하면 회사가 말한 예상 매출액이 나올 수도 있습니다.

하지만 가맹점은 프랜차이즈 회사가 운영하는 게 아니라 장사를 한 번도 해보지 않은 점주님께서 사장이 되어 운영하기 때문에 점주님의 역량이 사람마다 다 다르기 때문에 점주 능력에 의해서 매출도 자지우지 되는 부분도 있다고 봅니다. 장사 경험이 많은 점주님 중에서는 본사 예상 매출액 그 이상의 매출을 내는 분들도 있는 법이니깐 그래서 우리는 예상 매출액을 보고, '정말 그렇게 나오겠네!' 라는 희망적인 생각만 갖고 계약하지 않았으면 좋겠습니다. 최근에 이런 부분이 이슈가 돼서 뉴스 기사로도 많이 나왔었습니다. 그러니깐 예상 매출액을 너무 믿지 않았으면 좋겠습니다. 예상 매출액은 말 그대로 예상 매출액이라는 걸 알아야 합니다. 그래서 예상 매출액을 듣고 나면 나와 비슷한 상권에서 장사하고 있는 다른 지점을 자주 방문해보는 것도 좋습니다. 그리고 예상 매출액은 맞을 수도 있고, 아닐 수도 있으니 가게를 하기 전에 더 많이 알아보고 계약을 했으면 좋겠습니다.

2. 좋은 프랜차이즈를 할 때 주의해야 할 것

해당 프랜차이즈가 좋다는 걸 알게 될 때는 이미 신규로 오픈 하는 게 늦은 시점일지도 모릅니다. 창업자분들이 입점히고 싶은 지역과 상권에 해당 프랜차이즈가 다 입점이 되어 있다면 내가 원하는 상권에서는 창업할 수가 없습니다. 그러다 보면 심리가 나중에는 들어갈 수 있는 곳 어디든지 자리만 있다고 하면 해당 브랜드로 들어가고 싶어집니다. 여기서 주의해야 될 곳은 아무리 괜찮은 프랜차이즈라고 해도 월세가 높은 곳이거나 상권이 좋지 않은 상권이라면 차라리 해당 프랜차이즈를 안 하셨으면 좋겠습니다. 이유는 월세가 높으면 해당 프랜차이즈로 현재 매출이 좋아서 월세가 부담이 되도, 수익이 나오니깐 괜찮을 수 있지만 우리는 항상 최악의 시나리오를 머릿속에 먼저 계산하고 들어가야 됩니다. 왜냐하면 해당 프랜차이즈가 장사가 잘된다고 해도, 분명 장사 안 되는 가게도 있기 마련입니다. 프랜차이즈도 중요하지만 입지도 그만큼 중요한 요인이 되기 때문에 그렇습니다. 그리고 만약 **입지가 A급 입지라도 지금은 장사가 잘 되도 나중에는 장사가 안 될 때도 있다는 걸 늘 명심해야 합니다.** 그럴 때 월세가 비싸면 큰 부담으로 느껴질 수 있습니다. 그리고 가게를 되팔 때 역시 판매 난이도가 자연스레 높아집니다. 해당 프랜차이즈로 매출이 잘 나오면 월세가 높아도 수익이 괜찮을 수 있습니다. 하지만 소비자 입장에서 보면 매출이 잘 나오는 가게가 해당 프랜차이즈로 하나의 가게만 시장에 매물로 내놓은 게 아닙니다.

양도양수를 전문으로 하는 분들을 만나서 상담을 해보면 매출이 나와 비슷한 같은 프랜차이즈 매장들이 많이 나와져 있다는 걸 알 수 있습니다. 그럼 손님은 당연히 매장을 볼 때 여러 매장을 비교 분석을 하고, 매장을 구매합니다. 그랬을 때 똑같은 매출이 나오는 가게라고 보면 당연히 월세가 저렴하면 저렴할수록 수익률이 좋습니다. 그러면 당연히 월세가 저렴한 매장이 계약될 확률이 좋습니다. 그러면 매출은 동일한데 월세가 높으면 권리금을 손해보고 정리할 수밖에 없습니다. 앞장에서 말씀드렸듯이 권리금은 정해져 있는 시세가 없습니다. 그래서 다른 매장보다 경쟁력이 없으면 권리금을 낮출 수밖에 없는 겁니다. 반대로 최악은 이렇습니다. 매출이 좋지 않을 때입니다. 이때는 고정 지출을 줄여야합니다. 월세가 저렴한 매장은 월세가 부담이 되지 않고, 인건비를 많이 낮춰버립니다. 그렇게 되면 수익은 나쁘지 않게 가져갈 수 있지만 월세가 높으면 위험하다는 걸 알아야 됩니다.

지출 비용을 줄인다고 해도 월세 자체가 높기 때문에 수익률이 확 줄어듭니다. 그러면 운영을 할 때도 수익이 적으니, 큰 비용 투자한 만큼의 재미가 없습니다. 그래서 아무리 해당 프랜차이즈가 좋다고 해도 이미 괜찮은 상권에 지점이 다 있다고 하면 제가 볼 땐 창업을 안 하는 걸 고려해보는 것도 하나의 방법이라고 생각합니다. 두 번째는 입지도 중요합니다. 아무리 해당 프랜차이즈가 괜찮다고 해도 입지가 너무 안 좋은 곳에서 장사를 하는 건 좋지 않습니다. 월세가 저렴하다고 다 나쁜 상권이 아니듯이 월세가 높다고 다 좋은 상권은 아닙니다. 그래서 월세를 떠나서 좋지 않은 입지에 들어가면 해당 프랜차이즈가 괜찮다고 해도 장사가 잘 될지는 잘 모르겠습니다. 특히 주변에 공실이 많다면 의심부터 먼저 해보실 필요성이 있습니다. 상권에 이용할 수 있는 상가가 많았을 때 해당 프랜차이즈까지 있으면 다른 상가를 이용하는 분들로 인해서 우리 매장을 1명이라도 더 이용할 수 있게 하지만 이용할 수 있는 상가가 적다면 내 상가를 이용하는 손님이 1명이라도 더 안 온다고 생각하셔야 됩니다. 그래서 입지도 중요하고, 월세도 중요한 겁니다.

그래서 좋은 프랜차이즈를 할 때는 이점을 주의해야하며, 이럴 때는 그럼 좋은 프랜차이즈를 내가 원하는 자리에 이미 있을 때는 권리금을 전문적으로 양도 양수하는 분들을 많이 만나서 차라리 신규로 하는 것보다 집 주변으로 내가 원하는 프랜차이즈 매장들을 소개 받는 것도 하나의 좋은 방법이라고 생각합니다. 차라리 장사가 잘 되는 걸 확인하고, 권리금을 더 지급하더라도 괜찮은 가게를 인수 받는 것 저는 괜찮다고 생각합니다. 그래서 알아봤는데 신규로 하는 것에 어려움을 느낀다면 양도양수로 기존에 나와져 있는 가게를 전문가 분들께 추천받아보는 것도 괜찮다고 생각합니다.

집에서 먼 곳에서 창업하지 말기

처음 일을 시작 했을 때는 집에서 먼 거리여도 창업을 해도 괜찮겠지 라고 생각했었지만 창업 컨설팅이라는 일을 하면서 집과 거리가 먼 곳에 창업을 했던 사장님들을 많이 만나면서 저의 생각이 많이 바뀌었습니다. 창업을 할 때는 무조건 집과 가까운 게 좋습니다. 제가 알게 된 사장님 한 분이 계십니다. 사장님께서는 처음에는 저와 상담했던 이야기를 듣고, 집 근처를 알아보려고 했습니다. 그래서 저는 집 근처에 있는 매장들을 소개해줬지만 사장님 마음에 드는 매장이 없었습니다. 그러다가 집과 1시간 거리에 있는 매장을 사장님께서 보게 됐는데 사장님께서 마음에 들어 하셨습니다. 내심 거리가 멀어서 걱

정이 되었기 때문에 저는 사장님께 걱정 되는 마음에 사장님께 안하는 게 좋겠다고 말씀을 드렸지만 사장님은 몇 번 매장을 다녀와 보고, 위치도 그렇고, 상권도 좋은 것 같고, 직원들이 있으니 내가 갈 일도 많이 없을 거니깐 괜찮을 거라 생각하고 저와 계약을 해주었습니다. 처음에는 문제없이 운영이 잘 됐습니다. 하지만 운영을 해보면서 생각보다 사장님이 필요할 때가 많이 있다는 걸 알게 됐다고, 말해주었습니다. 그럴 때 마다 사장님이 항상 매장을 가서 해결했다고 하셨습니다. 그런데 문제는 상주하지 않을 때도 가다보니깐 그렇게 되면 10분이면 해결될 문제가 왔다 갔다 해야 되니 왕복 2시간이 비효율적이라는 걸 알게 됐습니다. 이렇게 10분 업무를 봐야 되는 일이 한 번만 발생되지 않고, 여러 번 발생되면서 사장님께서는 많이 지쳐했었습니다. 그때 제게 담당자님의 말을 듣고, 집과 거리가 먼 곳에서 창업 하지 말걸 그랬다고, 이야기 해주셨던 그때 그 말이 기억에 남습니다. 많은 사장님들이 제가 말했던 집과 먼 곳은 창업하면 힘들다는 말을 **장사를 하기 전 까지는 와 닿지 않습니다. 장사를 비로소 시작할 때 대부분 와 닿는 것 같습니다.**

그리고 다른 사장님도 기억에 남는 분이 계십니다. 사장님께서도 처음에는 제 말을 듣고, 집 근처에 권리금 받고 양도 양수할 수 있는 매장들을 제가 많이 보여줬는데도, 사장님은 결국 제가 가지고 있는 매장 중에서 1시간 거리에 위치해 있는 가게를 계약을 하셨습니다. 사장님이 직접 출근 했었는데 거리가 멀다보니, 출근도 1시간 걸리고, 퇴근도 1시간 걸리니 너무 힘들어하셨습니다. 한번은 고된 하루를 마치고, 집을 가는 길에 졸음운전을 해서 큰 사고가 날 뻔했습니다. 그래서 와이프랑 상의한 끝에 근처에 원룸을 지내서 주말 부부처럼 지내게 됐는데, 아이들을 제대로 보지 못해서 그만 가게를 정리하고 싶다는 말을 제게 해주었던 기억이 있습니다. 이렇듯 많은 사람들이 집과 거리가 먼 곳에 가게를 계약하고 후회를 많이 합니다. 물론 집과 거리가 멀지만 운영을 잘했던 사장님들도 많이 있는 것도 사실입니다. 하지만 많은 분들은 집과 매장이 거리가 멀어서 많이 힘들어했기 때문에 저는 이런 부분을 책으로 말해주고 싶었습니다. 그러면 간혹 직원들만 두고, 창업하는 건 집이 멀어도 괜찮지 않나요? 라고 물어보는 분이 있습니다. 물론 그 말도 틀린 말이 아닙니다. 하지만 직원을 두고만 운영을 하는 것에는 한계가 분명 존재합니다. 그 이유를 몇 가지만 말씀드려 보겠습니다.

• 오토매장에서 주의해야 할 점

1. 사장만큼 일하는 직원이 없습니다.

직원을 고용해보면 알게 되는 건 나처럼 일하는 직원이 없다는 것입니다. 사장님 1명이 일할 몫이면 직원 2명이 필요할 수도 있습니다. 두 번째 문제는 생각보다 많은 직원이 길게 일하지 않고, 빠르게 관둔다는 것입니다. 안 그런 매장도 있겠지만 대체적으로요 그럴 때 직원이 바로 채용되지 않으면 결국 사장님이 일할 수밖에 없습니다. 그럴 때는 빈 시간에 사장님이 직접 출·퇴근을 해야 되는데 이때 거리가 멀어서 힘들어 하는 사장님들도 많이 만났었습니다.

2. 직장을 다니면서 풀오토 매장은 힘듭니다.

직장을 다니면서 풀오토 매장을 현실적으로 운영하는 게 어렵다는 것 입니다. 사장님이 필요할 때면 가게를 가야 되는데 직장인이라면 시간을 내기가 어렵습니다. 실제로 많은 사장님들이 직장을 다니면서 직원들만 두고 운영을 하려다가 후회하는 분들 정말 많습니다. 간혹 직장을 다니면서 운영을 잘하고 있다는 이야기를 듣기도 합니다. 하지만 그건 정말 일부이고, 대부분은 직장을 다니면서 가게를 병행하는 게 쉽지 않습니다. 그래서 대부분 직원들만 두고 가게 운영해서 적은 수익이라도 가져가야지 라고 생각하고 가게를 인수하거나 신규로 오픈한 사장님들께 나중에 제가 전화를 해보면 대부분의 사장님들이 직장을 관두고, 어쩔 수 없이 장사를 하게 됐다고, 말해주는 사장님들이 많이 있었습니다. 만약 그럼에도 불구하고, 직원들만 두고 운영하려면 인건비를 예를 들면 직원만 두고 운영하는 보통 가게가 500만 원을 인건비로 쓴다면 직원이 일을 못하는 쉬는 날에도 사장님이 관여를 안 하고 싶으면 인건비 500만 원 정도 쓰는 매장에서 인건비를 700만 원 정도를 써야합니다. 직원 1명이 필요한 시간에도 직원 2명을 써야 되거든요. 그렇게 써도 충분히 수익이 나오는 매장을 한다면 사장님께서 말했던 직원들만 두고 운영이 가능한 매장이라고 말할 수 있습니다. 그러려면 첫 번째가 장사가 잘 된다는 전제가 있어야 합니다. 그런데 가게를 한 번도 운영해보지 않은 사장님이 '직원들만 두고, 장사가 잘 되는 가게를 할 수 있다는 게 확률적으로 희박하지 않을까?' 라는 생각을 합니다. 물론 있을 수도 있습니다. 하지만 한마디로 **직원들만 두고 운영을 하겠다는 생각은 인건비가 부담이 되기 때문에 대부분 매장운영이 힘듭니다.** 그러면 결국 직원들만 두고 운영하는 가게도 직원이 부재할 때는 사장님이 출근을 해야 됩니다. 그리고 사장님이 직원들만 두고 운영을 해도 시스템적으로 관리를 계속 해야 합니다. 사장님이 출근하지 않는 가게는 직원들도 열심히 하지 않는 경우가 많기 때문에 직원들만 두고 운영을 한다고 해도 사장님께서 출근을 해서 관리하는 느낌을 줘야 합니다.

만약 직장을 다니면서 시간을 낼 수 있다면 직장과 가까운 거리에 있는 곳으로 창업을 하는 게 맞습니다. 물론 거리가 멀어도 잘 운영하시는 분도 있지만 대부분은 힘들어합니다. 그렇기 때문에 직원들만 두고 가게를 운영 하려고 한다면 다시 한 번 생각해보면 좋겠다는 마음으로 글을 적게 됐습니다.

신도시 상권 분양 받을 때 조심할 것

제가 상담한 사장님들의 이야기를 들려드리겠습니다. 한 사람만을 특정해서 말하지 않는 이유는 상당히 많은 사장님들이 똑같은 상황을 많이 겪기 때문입니다. 그중 한 분의 이야기를 들려드리려고 합니다. 평소처럼 일을 하고 있었는데, 어느 날 아파트가 새롭게 지어지는 곳이 있다는 걸 기사로 접하게 되고, 평소에 아파트에 관심이 많던 사장님은 주말에 한번 어떻게 지어질 곳인지 궁금해서 자동차를 타고, 현장에 다녀왔습니다. 직접 가보니, 아파트가 멋지게 지어져 있는 걸 눈으로 확인하게 됩니다.

그리고 아파트 정보를 물어보려고 부동산을 방문합니다. 그랬더니, 부동산 소장님께서 아파트 단지가 많이 지어지고 있는데, 앞에 상가가 신축으로 지어지고 있는데 분양을 한 번 받아보는 건 어떻겠냐고 제안을 하며, 이제는 월급만 받아서 노후 생활할 수가 없으니, 월세 받는 삶을 살아야 되지 않겠냐고 말을 합니다. 부동산 소장님의 이야기를 들은 사장님은 상담을 받은 후에 집에 와서 부동산 소장님이 이야기 해준 말을 토대로 많은 생각을 해봅니다. 그때부터 행복한 상상과 두려운 노후에 대한 생각을 합니다. 월세를 받는다면 월급과 더해지면 지금 보다 풍족한 생활을 할 것 같고, 나중에 회사를 관두게 되면 월세가 큰 힘이 되겠다는 생각을 하면서 긴 고민 끝에 부동산 소장님 말대로 월세를 받는 것도 괜찮겠다고, 생각을 해서 호실 하나를 분양을 받았다고 합니다.

그리고 기다렸던 건물이 완공이 되었고, 임차인이 들어오는 것만 기대했는데, 6개월이 지나도 임차인이 구해지지 않았던 것입니다. 문제는 분양을 받기 위해 대출을 받았다보니, 매달 갚아야 되는 대출원금이 부담으로 다가왔고, 그렇게 6개월이 지나니 꽤 많은 돈을 지출하고 있는 상황이었습니다. 그래서 사장님은 대출원금을 계속 낼 수 없다고 판단을 해서 결국 원하지도 않았던 장사를 시작했습니다. 하지만 여기서도 문제가 있었습니다. 바로 월세에 맞는 업종을 하지 않았다는 것입니다. 사장님은 우선 창업을 먼저 내가 하고 운영을 잘하다가 세입자를 구해서 가게까지 한 번에 정리를 하고 싶었지만 월세에 맞는 업종을 생각해서 들어오지 않았다 보니, 결국 오랜 기간 가게가 나가지 않아 많이 힘들어 했었습니다. 처음에는 현 사장님만 그렇게 운영을 하고 있는 줄 알았는데, 그렇지 않았고, 생각보다 많은 사장님들이 신도시에 분양을 받고, 분양이 나가지 않아서 대출이 부담이 돼서 창업까지 했다는 걸 알게 됐습니다. 업종과 월세가 맞지 않은 상태가 되면 문제가 생깁니다. 일단 현 가게를 권리금을 주고 양도양수 받을 사람이 없다는 것 입니다. 창업을 하는 분들 중에 잘 모르고 창업하는 분들도 대다수는 큰 금액이 들어가기 때문에 많은 공부를 하고 창업전선에 뛰어들기 때문에 양도양수로 매장을 인수할 때 월세가 상대적으로 높다고 판단이 되면 계약을 희망하는 창업자는 당연히 줄어들 수밖에 없습니다.

그래서 신도시에 분양을 받았던 사장님은 내 호실을 공실로만 있기에는 닝비라고 생각해서 장사를 시작하는 분들이 많이 있습니다. 하지만 잘 생각해 보면 분양을 받는 분들은 대부분 월세를 잘 받고 싶은 마음에 분양을 받으시는 분들입니다. 그런데 임차인이 구해지지 않아서 장사를 하게 된다면 준비가 잘 된 상태에서 장사를 하지 못했을 겁니다. 그렇기 때문에 업종에 맞게 상권을 선택하기 보단 비어 있는 호실에 맞는 업종을 찾는 것도 하나의 일입니다. 이때 장사 경험이 없는 상태에서 창업을 시작하면 그 상권에서 장사를 하겠다고 마음을 먹고 들어온 사장님과 경쟁이 시작됩니다. 그때 창업 준비를 잘하고 들어온 사장님을 이기기는 쉽지 않습니다. 그러다 보니, 분양을 받고 장사를 시작했지만 장사가 안 되는 분들을 많이 만나게 됩니다. 더이상 운영을 안 하겠다고 마음을 먹었을 때쯤이면 신도시 상권도 어느 정도 자리를 잡아가고 있습니다. 이때 다음 창업자를 구해서 월세를 받아야 되겠다는 생각으로 많은 분들이 운영하던 가게를 내놓습니다. 이때 월세를 받는 것도 좋지만 기존에 투자했던 창업비용이 생각나서 내가 운영하는 매장을 누가 권리금 주고 인수해서 나한테 월세를 주면 좋겠다는 생각을 합니다. 그래서 권리금을 주고 가게를 내놓지만 장사가 안 되는 가게를 권리금을 주고 인수할 분이 없다는 게 함정입니다.

결국 시간이 흘러서 권리금은 받지 않는 조건으로 점포 계약을 합니다. 시간이 지나서 월세를 받는 임대인이 되었지만 그 동안 고생한 것 생각하면 행복하지 않습니다. 분양 받아서 매달 나가는 대출을 감당하기 어려워서 창업자금으로 몇 천만 원 혹은 몇 억이라는 돈을 투자해서 창업을 하고, 나중에는 투자한 돈을 잃고, 그리고 상권이 갖춰지면서 처음에 부동산에서 말했던 월세를 받기는 힘들다고 판단이 돼서 월세를 내려서 세입자를 받았습니다. 그렇게 되면 매매가 자체가 낮아지면서 분양 상가 받은 본인 모습을 후회하는 사장님이 많습니다.

저는 신도시 상권을 분양 받아서 장사하는 분이 상담을 하면서 정말 많다는 걸 알게 됐습니다. 그리고 잘못 된 분양이 얼마나 오랜 기간 힘들게 만드는지 옆에서 많이 지켜봤습니다. 그래서 지금과 같은 글을 적고 싶었는지 모르겠습니다. 제 글을 보는 분들도 신도시 상권 분양을 받을 때 정말로 잘 알아보고 계약해야 된다는 걸 한 번 더 말씀드리고 싶었습니다. 만약 월세를 받는 걸 꿈꾼다면 기존에 상권이 형성이 되어 있고, 누군가 장사를 하고 있는 점포에서 나오는 월세를 기존 임대인께 인수 받아서 건물주 되는 게 오히려 낫다고 생각합니다. 만약 분양 받으려면 적은 금액을 투자하는 게 아니니 잘 알아보고 계약 하라는 말씀을 드리고 싶었습니다.

빚내서 창업하면 안 됩니다

가게를 하겠다는 분들을 상담을 하다 보면 투자금이 넉넉하게 있지 않은 상태에서 창업하려는 경우들이 종종 있습니다. 저는 계약을 하면 되는 입장이기 때문에 계약을 해주면 그만이지만 가게를 하는 분들 중에 잘못된 계약을 해서 큰돈을 잃는 경우가 많습니다. 그렇지만 여전히 장사하고 싶은 간절한 마음에 빚을 많이 내고, 가게를 창업하는 분들이 많습니다. 그래서 이번에는 빚을 많이 지고, 창업하면 안 되는 이유에 대해서 말해 보려고 합니다.

• 빚내서 창업하면 안 되는 이유

1. 창업은 비상금이 꼭 필요합니다.

창업을 계획하고, 매장을 알아볼 때 처음에 생각했던 금액과 다르게 추가로 들어가는 금액이 많이 들어가는 경우가 있습니다. 예상하지 못했던 금액이 부족하면 시중에 나와져 있는 대출을 급하게 알아보는데, 계약 전에 여유자금까지 생각해서 대출까지 미리 알아봤다면 상관이 없겠지만 만약 금액에 맞춰서 준비했다가 자금이 부족한 경우 대출을 알아봐야 하는데, 대출이 안 나와서 급하게 이자가 너무 높은 금융권에서 대출을 받아서 후회했던 사장님도 있었습니다. 그래서 창업을 할 때는 정확히는 1년 정도 수입이 없어도 괜찮을 정도의 비상금 정도는 있는 상태에서 창업을 해야 되고, 만약 생각 했던 금액보다 초과가 될 때를 생각해서 지영업 대출 상품을 먼저 알아보고, 안전하게 계약하셨으면 좋겠습니다.

2. 자금이 부족하다고 대출을 많이 받으면 힘들어집니다.

장사를 잘하기 위해서는 인내력과 지구력이 중요합니다. 권리금 양도양수를 진행하면서 가게를 운영하는 사장님도 많이 만났고, 구매를 희망하는 예비 창업자분들도 현장에서 많이 만나다 보면, 공통적으로 알 수 있는 건 10명 중 8명은 가게를 처음 해보시는 분들이 대부분이었다는 점입니다. 첫 장사를 잘하는 사장님도 있지만 장사가 안돼서 힘들어하는 사장님이 훨씬 많습니다. 힘들어진 이유를 여쭤봤을 때 여러 가지 이유 중에서 돈 문제가 많이 있었습니다. 가정이 있는 분들은 매달 집에 나가는 생활비가 있는데, 장사가 안 됐을 때 생활비를 벌어놓은 돈에서 사용하고 있었고, 그리고 매장 수익이 좋지 않아서 힘든 상황인데, 여기서 자영업으로 받은 대출로 매달 내는 돈까지 있어서 버티기가 힘들다고 하셨던 사장님들이 많이 있었습니다.

제가 계약을 했던 업종 중에서 대출을 많이 받았던 업종 중 하나는 PC방이 있습니다. PC방 특성상 컴퓨터가 중고 매입도 가능한 부분이 있기 때문에 컴퓨터 가격이 인정돼서 PC방 대출담보를 받고 오픈하시는 사장님들을 많이 봤습니다. 그리고 장사를 시작하면서 힘들었던 점은 바로 매출이 좋을 때도 대출로 나가는 돈이 있으니, 순익이 적게 잡히는 부분이 있었고, 장사가 안 될 때는 대출금을 내면 남는 돈이 없어서 힘들어 하는 사장님들도 많이 봤었던 기억이 있습니다. 그리고 가게를 정리할 때도 PC방 담보대출까지 받아서 큰돈이 들어갔는데 되팔 때 보니, 내가 투자한 금액에서 어느 정도 손해보고 정리하겠다고 해도 사겠다는 분들이 없어서 힘들어 하는 분들을 많이 봤습니다. 잘 보면 빚을 많이 내서 창업하는 분들은 준비가 안 된 상태에서 창업하는 걸 수도 있기 때문에 돈이 없다면 창업하는 걸 조심했으면 좋겠습니다. 어렵게 대출도 알아보고 매장을 오픈했지만 장사가 잘 되지 않거나 적성에 맞지 않는다는 이유로 장사를 안 하고 싶을 때는 이미 되돌릴 수가 없습니다. 회사는 맞지 않으면 얼마든지 관둘 수 있지만 장사는 그렇지 않다는 걸 알아야 합니다. 그래서 조급한 마음을 갖고 창업하면 안 되고, 두 번째는 창업을 처음 한다면 무리한 대출을 받아서 후회하는 사장님들을 많이 봤기 때문에 창업을 하는 건 좋지만 무리한 대출까지 받아서 창업 하는 건 위험하다는 말씀을 드리고 싶습니다.

능력 있다고 가족한테
창업해주면 안 되는 이유

가게 운영하는 점주님을 만나다 보면 가장 많은 유형의 매장은 가족이 오픈해준 매장입니다. 가족들 중 한 명이 능력이 좋아서 돈을 잘 벌면 모아둔 돈으로 가족 중 한 분을 창업해주는 경우가 많이 있습니다. 이 중에서 가족 덕분에 좋은 매장을 차려서 운영을 잘한 분들도 있지만 대다수는 좋지 않은 결말을 맞이했습니다. 그래서 저는 **내 돈으로 가족을 위해 창업해주는 건 반대하고 싶습니다.** 실제로 만났던 사장님들의 이야기를 해보겠습니다.

어렸을 때부터 공부를 못하지도 잘하지도 않았던 아들이 있었습니다. 그래도 부모님 기대에 실망시키지 않기 위해 본인이 할 수 있는 최선을 다해 공부를 했고, 상위권 대학교는 아니지만 대학교도 잘 갔습니다. 그리고 아들은 군대를 갔다 오고, 대학교 졸업만 하면 취업은 당연히 순조롭게 취업이 잘될 줄 알았습니다. 하지만 취업 문턱이 높아서 취업이 생각보다 잘 되지 않아서 많이 힘들어 하는 아들 모습을 보니, 부모님 입장에서는 가슴이 아픕니다. 그러다가 문득 친구의 이야기를 듣게 됩니다. 친구 아들은 공부를 잘하지 못했습니다. 그래서 일찍 공부가 길이 아니라고 생각했는지, 어렸을 때부터 돈을 벌었다고 말했습니다. 그렇게 모은 자금으로 창업을 시작했는데 지금은 가게 운영하면서 돈을 잘 벌어가고, 이제는 아들 걱정은 크게 안한다는 말을 듣고, 집에 와서 생각해 보니, '내가 돈이 없는 것도 아닌데, 아들을 위해서 가게를 하나 오픈해 주면 더 이상 아들이 취업 고민을 하지 않아도 되니, 괜찮지 않을까? 라는 생각으로 아들에게 창업을 권유합니다. 아들입장에도 아버지가 가게를 차려준다고 하니, 한번 해보면 괜찮지 않을까?' 라는 생각으로 가게를 하게 됩니다.

그렇게 시작했던 가게는 이내 가족 간의 균열로 이어졌습니다. 처음에는 아들한테 맡기고 아빠는 신경을 안 쓰려고 했었지만 아버지가 생각한 것과는 다르게 일을 못하는 아들의 모습을 보고, 답답한 게 많았습니다. 손님을 대하는 것도 엉성하고, 직원을 고용해서 일을 시키는 모습도 영 못 마땅합니다. 그리고 매뉴얼 시스템 이런 것도 없이 엉성하게 운영하는 아들의 모습이 마음에 들지 않아서 결국 아버지가 같이 일하기로 합니다. 아버지는 아들이 잘 됐으면 좋겠다는 마음에 매일 같이 잔소리를 하지만 아들 입장에서는 창업을 해서 최선을 다하고 있는데도 아버지 눈에 보이지 않는 이유로 매일 같이 잔소리 하는 아버지 때문에 지칩니다. 그리고 이내 아들도 한계가 옵니다. 그래서 결국 아버지한테 더 이상 일을 안 하고 싶다고 말하며, 이때 아들은 취업을 하겠다며, 가게를 나가고 결국 아버지가 운영하게 됩니다. 별 수 없이 가게를 운영하는데 아버지는 나이가 많아서 메인으로 운영하는 데 있어서 체력이 받쳐주지 않아서 힘들어 하셨습니다. 아들을 위해서 가게를 차려준거고, 원래 아버지는 장사를 할 생각이 없다가 아들의 부재로 장사를 본인이 하고 있으니, 스트레스가 많았습니다.

가게를 그렇다고 아버지 마음대로 가게를 내놨어도 가게라는 게 바로 정리가 되는 게 아니기 때문에 어쩔 수 없이 가게를 운영하고 있습니다. 이런 사례는 제가 방금 말씀드린 사장님 말고도 정말로 많은 사장님들이 겪는 일입니다. 한 번은 이런 경우가 있었습니다. 어렸을 때부터 딸은 다른 애들과는 다르게 공부도 열심히 하고, 매사에 최선을 다하며 잘 살았습니다. 남들은 자녀 취업을 걱정할 때 딸은 사업을 해서 승승장구 하는 모습을 부모님께 보여줘서 부모님은 자녀 걱정을 하지는 않고, 어느덧 60이고 70이 되어서 이제는 노후를 어떻게 잘 보낼까? 에 대한 걱정이 많습니다. 그런 부모님을 옆에서 지켜본 딸은 어머니한테 제안을 합니다. "노후에 집에서 있는 것보단 내가 가게를 하나 차려 줄 테니깐 장사를 해보는 거 어때요?" 라고 말을 하고, 부모님도 한 번 해보면 괜찮겠다고 말을 하고, 그렇게 딸은 부모님을 위해 가게를 오픈해줍니다. 처음에는 나 같은 딸은 없다며, 정말로 뿌듯해 하지만 점점 그렇지 않다는 걸 알게 됩니다. 나이가 많은 상태로 잠도 줄이면서 자영업에 뛰어드니, 체력이 받쳐주지 않습니다. 결국 부모님은 가게를 더 이상 출근하지 않고, 가게를 계약해준 딸이 운영하고 있는 것 역시 많이 봤습니다.

왜 이런 문제들이 생겨나는 걸까요? 창업을 해주려는 부모님, 자녀 기준에 봤을 때 괜찮은 가게를 가족한테 권유했기 때문에 이런 일이 생겨나는 겁니다. 물론 가족들도 동의를 했기 때문에 오픈을 해준 게 맞습니다. 하지만 다른 면으로 봤을 때는 나를 신뢰하니깐 내가 괜찮다고 했기 때문에 의심하지 않고, 계약을 한 건지도 모르겠습니다. 하지만 결과적으로만 보면 좋지 못한 결과를 만났습니다. 제가 생각했을 때 이유는 사람마다 가지고 있는 능력치가 다르기 때문이라고 말을 해주고 싶습니다. 자녀의 능력치는 그럼 어떨까요? 바로 알바로 일해서 200만 원, 300만 원 벌어가는 능력을 갖고 있는 사람입니다. 반면에 부모님은 어떨까? 오랜 직장 생활로 500만 원 정도 벌어가는 능력이 있는 사람입니다. 그랬을 때 부모님 입장에서는 200만원, 300만 원 벌어가는 매장을 자녀에게 해주고 싶지 않습니다. 살아보니, 500만 원 정도는 벌어야 결혼도 하고, 아이도 키우며 살아간다고 생각한 부모님은 500만 원을 벌 수 있는 가게를 계약을 해줬다면 200만 원, 300만 원 벌어갈 정도의 능력만 있는 자녀가 사장이 되어 매장을 운영하기에는 당연히 어려움을 느낄 수밖에 없습니다. 부모님이 창업을 해줬는데 500만 원 벌어갈 수 있는 매장을 자녀가 운영을 못해서 200만 원, 300만 원을 가져간다는 것도 어쩔 수 없다는 겁니다.

예전에 이런 이야기도 들었던 적이 있습니다. 자녀가 사장으로 있으면서 직원을 채용했는데 누가 직원이고, 사장인지 모르겠다고 생각했던 적도 있었다고 합니다. 왜냐하면 자녀도 장사에 대한 경험이 없기 때문에 직원을 시키는 사장의 역할을 보여줘야 하는데, 사장님도 잘 모르다보니깐 결국 직원이랑 트러블이 많아서 직원과의 관계에 대한 스트레스로 인해 자녀가 많이 힘들어하는 경우가 있다고 이야기 합니다 그리고 어떤 분이 딸이 운영하는 매장에 불량한 고등학생들이 앉아서 음식을 다 먹었는데도 놀이터 마냥 나가지 않는 것 입니다. 그 모습을 본 아버지는 식사를 다 끝냈으면 나가라고 이야기를 하면 군말 없이 나가던 학생들도 딸이 나가라고 할 때는 오히려 자녀한테 장난을 친다거나 말을 안 듣는 경우가 많아서 자녀가 힘들다고 이야기를 했었습니다. 차라리 아버지가 자영업을 이미 하고 있고, 직원으로 아들을 고용해서 썼다면 오히려 아들은 일하는 게 편했을지도 모르겠습니다. 반대로 부모님을 차려주는 경우는 어떤 사례가 있었는지 말을 해보겠습니다. 자녀가 창업해서 벌어가는 돈은 500만 원 정도 버는 가게를 원해서 많이 알아보고, 매장을 오픈을 해드렸습니다. 하지만 부모님이 원했던 가게가 아니었습니다. 실제로 돈이 잘 벌렸지만 부모님 연세에 맞는 업종이 아니었습니다. 가게가 너무 바쁘고, 힘들다 보니, 나이가 있는 부모님이 운영하기에는 많이 버거운 매장이었습니다. 홀에 서빙을 하는 것도 쉽지 않고, 주방에서 일할 때는 몸이 안 아픈 데가 없습니다. 그런 부모님의 모습을 보고, 이건 아니라고 생각을 했는지 결국 자녀가 운영하게 되는 경우 역시 많이 봤습니다. 이런 사례들이 정말로 셀 수 없을 정도로 많기 때문에 꼭 이 파트에서 말해주고 싶었습니다.

반면에 친구 아들은 왜 장사로 돈을 잘 벌게 됐는지를 보면 알 수 있습니다. 공부에 재능이 없다고 생각했던 친구 아들은 배달 오토바이 일을 시작해서 어릴 때부터 돈을 벌었습니다. 그리고 어느 정도 자금을 모아놓고 장사를 하고 싶은데 장사에 대해서 아는 게 전혀 없다고 판단을 했기 때문에 아르바이트부터 일을 시작했습니다. 하지만 다른 친구들과는 다르게 장사를 나중에 시작하고 싶었기 때문에 손님이 없는 쉬운 매장보다는 장사가 잘되는 곳을 찾아다니면서 일을 했습니다. 구인공고에 나와 있는 알바 자리 중 친구 아들은 늘 장사 잘되는 곳만 일했고, 한 군데에서만 일한 게 아니라 여러 곳에서 일을 했었습니다. 어린 친구가 열심히 일하는 모습을 좋게 본 사장님들은 알바하고 있는 친구의 꿈이 장사라는 이야기를 듣고, 본인이 가게를 운영하면서 중요한 노하우를 많이 알려주고, 실제로 가게를 구할 때도 조언을 많이 해줬습니다. 그렇게 어렸을 때부터 장사를 하기 위해 걸어온 아들 친구였기 때문에 장사를 시작했기 때문에 장사를 시작했기 때문에 장사는 당연히 잘 됐던 것 입니다. 그리고 아버지가 창업 자금을 지원해줘서 차려준 게 아니라 아들이 그 동안 아르바이트를 하면서 모아놨던 자금으로 하는 것도 중요합니다. 단지 종잣돈만 모은 게 아니라 창업 자금을 만들면서 고생했던 노력의 기간들이 있어서 장사를 잘했던 것입니다. 이 부분이 내 아들과 친구 아들의 차이였던 걸 사장님은 아들이 결국 운영을 하지 않고, 본인이 운영하면서 이렇다는 걸 뒤 늦게 알게 됐습니다.

반대로 부모님을 창업해주고 부모님이 좋아했던 경우도 있습니다. 부모님이 공무원으로 오랜 기간 재직을 하고, 사회로 나오셨습니다. 그 동안 열심히 살았고 여유도 있지만 집에만 있으니 우울함이 큽니다. 그런 부모님을 보고, 아들은 어떤 업종이 좋을까? 부모님 입장에서 어렵지 않은 게 무엇일까? 생각하다가 스터디카페를 인수해줬습니다. 부모님은 스터디카페를 인수 하고, 출근하길 원해서 사무실 공간을 만들어서 독서실처럼 운영을 했습니다. 수익은 높지는 않고, 250만 원 정도 가져가는 매장이었지만 부모님은 너무 행복해 했습니다. 아버님은 어딜 가서 스터디카페 운영한다고 주변에 이야기 할 때가 제일 기분이 좋다고, 말을 해주었고, 어머님은 주로 스터디카페에 계셨는데 사무실에 있는 것 외에는 크게 신경 쓸 게 없다보니, 편히 운영을 하고 계셨습니다. 자녀가 부모님 입장을 고려해서 창업을 잘 해주는 경우죠 자녀를 차려줄 때도 마찬가지입니다. 부모님의 권유로 창업을 해주는 것보단 이런 경우는 좋습니다. 자녀가 창업을 먼저 하고 싶을 때입니다.

한 사례를 말하면 딸이 어렸을 때부터 커피짐에 아르바이트를 했습니다. 그리고 점장으로도 오래 근무하고 있어서 부모님은 딸에게 "창업 자금을 지원해 줄테니, 창업을 해보는 게 어때?" 라고 권유를 했고, 딸은 하겠다고, 말을 했습니다. 대신에 큰 매장을 차려주기 보단 작은 가게부터 시작하자는 마음으로 가게를 오픈해줬습니다. 아르바이트로 일할 때 250만 원을 벌었는데, 작은 가게를 운영하고 350

만 원 정도 벌어가고, 1인 매장에 아르바이트 바쁠 때 잠깐 사용하면서, 운영을 하고 있고, 지금도 가게를 따님이 잘 운영하고 있습니다.

섣부른 판단으로 가족에게 창업해주는 것을 저는 말리고 싶지만 그래도 가족에게 창업을 해줄 거면 내 기준으로 괜찮은 가게를 창업해주기 보단 실제로 운영을 하는 능력 있는 내가 아닌 가족 중 운영할 가족 구성원의 시선으로 바라봤을 때 충분히 잘 운영될 수 있는 매장을 창업해 줘야 한다는 것을 기억해주셨으면 좋겠습니다. 그리고 창업을 해줬다면 더 이상 내 가게가 아니라 부모님 혹은 자녀 가게라는 것을 기억해주셨으면 좋겠습니다. 만약 앞에서 이야기 했던 것처럼 내가 가족을 차려주면서 못 마땅해 해서 잔소리를 시작하면 그 가게는 균열이 생길 수밖에 없으니, 창업을 해줬다면 운영하는 분이 전적으로 맡아서 운영을 하게 믿어줘야 합니다. 만약 잘 운영하지 못할까 봐 걱정이 되는 가게들은 분명 가까운 미래에 창업 자금을 지원해준 가족 분이 운영을 하는 경우가 많기 때문에 창업을 해주는 것은 **돈만 있다고 해서 쉽게 계약을 해주면 안 된다**는 말씀을 드리고 싶었습니다.

나만 할 수 있는 가게를 할 때
기억해야 되는 것

———————

가게를 운영할 때는 3가지가 중요하다고 생각합니다. 가게를 할 때 가게를 운영할 때 가게를 팔 때 그중에서 첫 시작은 아무래도 가게를 할 때가 중요합니다. 이때는 '내가 어떤 창업을 할까?' 에 대해서 고민을 많이 하게 됩니다. 상권도 확인하고, 매장도 알아보고 인테리어도 알아봅니다. 그렇게 결정을 내리고 첫 가게를 오픈을 해서 장사를 합니다. 메뉴도 사장님의 색깔이 많이 들어가 있습니다. 고객도 사장님의 정성을 알기 때문에 장사는 곧 잘 됩니다. 그리고 어느덧 2년이 지나서 건강에 지장도 많고, 이제는 쉬고 싶은 마음에 가게를 내놓았지만 생각보다 가게 정리가 잘 되지 않습니다.

사장님 입장에서는 장사가 잘 되고, 인테리어도 고급스럽게 잘 해놓은 가게인데 잘 정리가 안 되서 속상하다고 말합니다. 그래서 제게도 많이 물어봅니다. 그래서 저는 가게에 대한 이야기를 듣고, 제 의견을 사장님께 전달해주었습니다. 일단 가게에서 취급하는 메뉴가 다른 사람이 쉽게 할 수 없는 요리였고, 어렸을 때부터 요리를 해왔던 사장님만 할 수 있는 메뉴였기 때문에 가게를 정리할 때 이 부분 때문에 쉽지 않다고 설명해드렸습니다.

창업 시장에서 가게를 찾는 분들을 만나면 공통점이 대부분 가게를 한 번도 안했던 분들이 훨씬 많다는 공통점이 있습니다. 요리를 직접 배워서 창업하는 분들은 신규로 개인 매장으로 많이 오픈하는 반면에 제게 양도양수를 물어보는 분들 다수는 장사에 대해서 잘 몰라도 운영 하는 게 어려움이 없는 가게를 원하다보니, 대체적으로 프랜차이즈 매장을 계약합니다. 하지만 사장님 매장은 누군가 인수 받기 어려운 매장이었습니다. 장사는 잘됐지만 사장님이 주방장으로 있고, 직원을 쓰며 운영하는데 다른 사람이 쉽게 할 수 없는 메뉴였기 때문에 초보 창업자 분들이 계약을 하기 에는 상대적으로 어려웠습니다. 인테리어도 고급스럽게 했다보니, 권리금이 비싼 건 확실했습니다. 그렇지만 사장님은 장사가 잘되는 매장이라 권리금을 낮출 수 없었기 때문에 시간이 오래 지나서 계약이 쉽지 않다는 걸 생각하고,

권리금을 많이 낮춰서 손해를 보고 계약을 할 수 밖에 없었습니다.

여기서 제가 말하고 싶은 부분은 가게를 할 때 나중에 가게를 팔 때를 전혀 생각하지 않고, 창업하는 분들이 많이 있어서 꼭 말해주고 싶었습니다. 대부분 신규로 가게를 새롭게 차리는 분들 다수는 평생 가게를 할 생각으로 오픈을 합니다. 하지만 꽤 많은 가게들이 평생이 아니라 적게는 6개월 길게는 1년 주기로 가게를 정리하고 싶어합니다. 이는 장사를 잘하든 잘하지 못하든 크게 다르지 않다는 걸 많은 분들을 만나면서 알게 됐습니다.

그래서 저는 가게를 할 때부터 평생이라는 단어를 생각하지 않고, 언젠간 가게를 정리할 것을 미리 생각하고 창업을 하는 것을 추천합니다. 만약 남들이 할 수 없는 아이템이면, 가게를 정리할 때 영업 권리금까지 받겠다는 생각은 포기하고, 시설 권리금만 받겠다고 생각해서 최소한 금액으로 가게 오픈하는 걸 추천드립니다. 만약 고급스러운 느낌의 가게를 하기 위해 권리금을 많이 투자하려고 한다면 내가 새롭게 매장을 오픈하기 보단 인테리어가 고급스럽게 잘 되어 있지만 저렴하게 정리하는 가게는 찾아보면 많이 있어서 그 중에서 괜찮은 가게를 인수 받고, 아이템만 내 걸로 바꿔서 운영을 해도 괜찮지 않을까? 생각합니다. 제가 말씀 드리고 싶었던 건 처음 가게를 할 때 남들이 하기 힘든 업종의 아이템을 갖고 온다면 나중에 팔 때 내가 투

자했던 권리금을 다 받을 수 있겠지 라고 생각하는 분들이 있는데 창

업 시장에 초보자가 많기 때문에 남들이 하기 힘든 업종의 아이템은

권리금 받기 힘들다는 걸 알고 창업 했으면 좋겠습니다.

잘 알아보지 않고,
창업하면 비싼 돈을 지불한다

장사를 하는 근본적인 원인이 무엇일까요? 바로 돈을 벌고 싶은 생각에서 장사를 시작한다고 생각합니다. 장사를 하는 분들의 목적은 직장인으로 돈을 버는 소득이 만족스럽시 않을 수도 있고, 퇴사에 대한 두려움이 직장인에게 늘 있어서 장사를 생각해봅니다. 그러다가 우연찮게 장사를 하는 친구를 만나서 직장 다니면서 돈 버는 게 힘든데, 너는 좀 어때? 라고 물어봤는데 그때 친구가 장사로 돈을 부족하지 않을 만큼 잘 벌고 있는 이야기를 듣게 되면, 전혀 생각하지 않았던 장사라는 걸 해볼까? 라는 생각을 갖고, 창업에 접근을 하는 분들이 있습니다. 여러 프로그램을 보면 개인 매장으로 창업하는 분들의 장사 이야기가 많이 나오지만 실제로 창업 현장에서 일을 하면 개인으로 창업해서 장사하는 분들보단 프랜차이즈 본사에 연락해서 가맹점으로 오픈하는 분들이 더 많았습니다. 앞에서 말씀드렸듯이 장사를 시작하는 분들이 처음 장사를 시작하면 겪는 어려움들이 많이 있거든요. 그러다보니, 많은 문제들을 혼자 준비해서 창업을 한다는 게 여간 어려운 게 아닙니다. 그래서 상대적으로 프랜차이즈를 선호합니다. 그중에서 우리가 조심해야 되는 건 프랜차이즈 회사들의 홈페이지입니다. 프랜차이즈 본사는 가맹점을 늘려야 되는 의무가 있기 때문에 당연히 돈이 잘 벌린다는 광고를 할 수밖에 없습니다. 사실 프랜차이즈 본사에서는 광고가 과대광고는 아닙니다. 제가 알고 있는 여러 프랜차이즈에서 보니, 가맹점 중에서 가장 장사 잘되는 지점을 인터뷰해서 그 지점 매출과 수익을 공개하면서 당신도 할 수 있다는 광고를 많이 하더라고요 광고를 보면 흡사 해당 프랜차이즈를 하면 저렇게 장사를 할 수 있을 것 같다고 생각해서 프랜차이즈를 쉽게 계약하고, 오픈하는 분들이 많습니다. 문제는 쉽게 계약하고 오픈 하는 데 까지 들어가는 비용이 적지 않다는 점입니다. 적어도 몇 천만 원에서 몇 억까지 들어가는 것이 가게입니다. 그런데 프랜차이즈를 한다고 해서 모두가 장사가 잘 되는 건 아닙니다. 프랜차이즈도 잘 선택했고, 매장도 잘 선택했지만 중요한건 그 외 다른 요소들 역시 중요합니다. 매장 청결이 중요하고요. 가끔 불만을 표현하는 고객들을 바로 대처해주는 센스가 필요합니다. 직원들이 갑자기 관뒀을 때 인력을 잘 보충할 수 있는 능력도 중요합니다. 그 외에도 프랜차이즈와는 별도로 가게 사장님이 매장 오는 고객을 한 번 오는 게 아니라 단골이 되게 만드는 여러 가지 요소들 등 신경 써야 될 게 많습니다.

그리고 프랜차이즈가 괜찮다고 해서 계약을 했는데 막상 운영을 해보니, 내가 홈페이지에서 봤던 매장과 다르게 내 매장은 장사가 안 될 수도 있습니다. 이게 같은 프랜차이즈라도 매출이 대박 나는 위치가 있고, 매출이 적게 나오는 위치가 있거든요. 만약 홈페이지에서 봤던 매장처럼 장사가 잘 되는 입지에 잘 들어갔다면 다행이지만 잘되고, 안 되고는 사실 랜덤인 것 같습니다. 어떻게 보면 운의 영역이기도 합니다. **하지만 이런 최악의 시나리오들을 생각하지 않고, 창업하게 되는 것은 저는 말리고 싶습니다.** 왜 많은 사람들이 무언가를 희망차게 준비할 때 왜 최악의 시나리오는 쓰지 않고, 좋은 시나리오만 갖고, 움직이는지 모르겠습니다. 이는 여타 창업만 그렇지는 않은 것 같습니다.

한때 비트코인이 열풍일 때가 있었습니다. 너도나도 오른다고 해서 비트코인을 엄청 구매했죠. 하지만 결과는 정말로 많은 사람들이 빚까지 내서 투자를 했는데 큰 금액을 잃고, 청산하고, 현재도 빚을 갚는 사람들이 있습니다. 정말로 아쉬운 마음이 큽니다. 그런데 이런 현상들은 자주 일어납니다. 아파트 투자도 마찬가지죠. 저는 2020년 당시에 많은 사람들이 부동산 투기가 과열되고, 지금 못 사면 안 될 것 같은 생각이 들었는지 정말 많은 분들이 영끌까지 해서 아파트를 구매했습니다. 최악의 시나리오는 생각하지 않고, 좋은 시나리오가 펼쳐질 거라는 기대감만 있었던 거죠. 하지만 현재는 어떻게 됐을까요? 무리하게 투자한 분들은 현재 큰 금액을 손해를 보고, 현재도 힘들게 대출을 갚고 있습니다. 이렇듯 **우리는 최악의 시나리오를 생각하며 무언가를 움직여야 합니다.**

프랜차이즈가 그렇습니다. 프랜차이즈 회사를 선택하고 신규로 가게를 차릴 때는 본사에서 적극적으로 홍보하고 있는 매장만 방문하면 안 됩니다. 저라면 해당 프랜차이즈로 평판이 안 좋은 매장도 방문해볼 것 같습니다. 내가 A지점을 방문했을 때는 와.. 이렇게만 하면 금방 부자가 될 것 같은 느낌이 들지만 반대로 B지점을 방문했을 때는 같은 프랜차이즈인데 이렇게 다를 수도 있다는 것을 기억해야 된다고 생각합니다.

잘 되는 매장이 있으면 잘 안 되는 매장이 있다는 걸 기억해야 합니다. 그래서 제가 제목에 말씀드렸듯이 잘 알아보지 않고, 창업하면 비싼 돈을 지불한다고 적은 이유도 마찬가지입니다. 앞에서 말씀드렸 듯이 조금만 눈을 뜨고 찾아보면 신규창업도 있고, 인수창업도 있다 는 걸 알 수 있습니다. 그리고 해당 프랜차이즈 가맹점 수가 과거 대 비 줄었는지 늘었는지도 알 수 있습니다. 그리고 매출도 공정거래위 원회를 통해서 매출이 증가했는지 줄었는지도 알 수 있습니다. 이렇 게 판단하는 것 외에도 조사가 많이 필요합니다.

제일 중요한 것은 최악의 시나리오가 현실이 됐을 때 어쩌겠습니 까? 이제는 돌이킬 수 없습니다. 우리가 일반 회사에 들어가서 일하 면 1년에 3천 6백~ 많게는 1억까지 연봉을 받을 텐데 그렇게 받을 수 있는 거 다 포기하고, 1년 동안 장사를 했는데 제대로 된 돈을 못 벌 었다면, 회사 다녔으면 1년에 받을 수 있는 연봉도 기회비용으로 잃 어버린 돈이라는 걸 알아야 합니다.

생각만 하지 말고 행동하라는 말이 있습니다. 고민이 많으면 시도 조차 못해서 늘 제자리이기 때문에 이제 고민은 그만하고, 시도하고, 일하면서 경험을 하라는 말이 있습니다. 하지만 **장사는 현실이라 한 번의 잘못된 매장 계약으로 몇 억을 손해 볼 수도 있기 때문에 저는 '어느 정도의 두려움은 있어야 되지 않을까?' 라고 생각합니다.** 이유 는 장사를 하는 분들 대부분 가정이 있는 경우가 많기 때문에 그렇습 니다. 가게를 하는 목적이 직업이 불안정하고, 언제까지 일할 수 있을

지 정해진 건 없는 그런 불안함 때문에 가게를 하는 겁니다. 하지만 큰돈을 손해 볼 수 있고, 일단 계약을 하면 투자한 돈을 다 손해보고 인테리어도 원상복구하고 나올 수 없다보니, '내가 투자한 금액이라도 주겠다는 분들이 있지 않을까?' 라는 생각으로 대부분 버팁니다. 장사가 안 돼서 아니면 힘들어서 그만하고 싶다고 그만할 수 있는 가게는 없기 때문에 종합적으로 봤을 때 **가게는 쉽게 계약하기보다는 어렵게 계약하는 게 맞습니다.** 쉽게 계약해서 잘 되면 좋지만 잘 안될 경우에는 돌이킬 수 있는 방법이 없으니깐요.

항상 장사할 때는 기억하세요.

'최악이 기다리고 있을 수도 있다.'

'어렵게 고민하고 창업한 가게면 그래도 괜찮지 않을까' 하는 게 저의 생각입니다. 그래서 **쉽게 창업하면 비싼 돈을 지불한다**는 말씀을 드리고 싶습니다.

PART. 02

창업을 시작했다면

평생직장이 없듯이 평생 가게도 없다

누구나 평생이라는 단어를 좋아합니다. 직장도 취업하고 괜찮은 직장이라고 생각이 들면 평생 다니고 싶은 것처럼 말이죠. 그리고 지금 인생을 되돌아봤을 때 행복한 인생을 살고 있다면 평생 행복했으면 좋겠다고 생각합니다. 하지만 인생은 상승 곡선을 달리는 분도 멀리서 보면 좋은 그래프처럼 보이지만 그래프를 확대해서 보면 누구나 굴곡이 있습니다. 그래서 인생은 길게 보면 좋아 보일 수 있지만 가까이서 들여다보면 올라간 시절도 있고, 내려간 시절도 있는 롤러코스터 그래프라는 것을 알 수 있습니다. 이렇듯 우리의 인생도 평생 좋은 일만 일어나는 게 아닌 것처럼 가게도 마찬가지라고 생각합니다. 가게도 처음 시작해서 자리가 잘 잡혀서 수익이 괜찮으면 지금 운영하는 가게를 평생 할 것만 같은 생각이 드는 분들이 많이 계십니다. 하지만 평생직장이 없듯이 평생 가게도 없다고 생각합니다. 그래서 가게를 처음 시작할 때는 내가 평생할 거라 생각해서 계약을 해도 항상 언젠가는 가게를 정리할 수도 있다는 걸 생각해야합니다. 매장을 잘 선택한 분들은 10년 넘게 장사를 하시는 분들도 있었지만 대부분 오랜 기간 운영을 잘 못합니다. 왜 그럴까요? 바로 상권이 매년 많이 바뀌기 때문에 그렇습니다.

제가 처음 창업컨설팅 일을 시작했을 때가 2015년이었습니다. 그런데 그때 번화가에 인지도가 있는 매장들이 많이 있었는데, 1년 정도가 지나고, 다시 그 상권을 갔을 때 제가 사진에 찍어놨던 수많은 매장들이 없어졌고, 새로운 매장들로 많이 바뀐걸 보면서 알게 됐습니다. 프랜차이즈도 마찬가지입니다. 예를 들어서 프랜차이즈로 여전히 오랜 기간 유지하고 있는 프랜차이즈 업체들도 있지만 그렇지 못한 프랜차이즈 점포들도 많습니다. 처음에는 장사가 잘 됐지만 시간이 지나면서 장사가 안 되는 점포 중 장사가 안 되는 이유는 사장님이 일을 못해서 장사가 안 되는 경우도 있지만 그것보단 몇 년이 흘러서 상권이 바뀌면서 주변에 흥미를 자극하는 새로운 가게들이 많이 생겼기 때문에 그렇습니다. 그래서 가게는 어떻게 보면 눈치 게임이라고 생각합니다. 제가 아는 사장님의 이야기를 잠깐 들려드리겠습니다. 사장님은 번화가 상권에서 가장 장사가 잘 되는 입지에 A프랜차이즈로 술집을 차렸습니다. 당연히 인기 있는 매장이었기 때문에 장사가 잘됐고, 돈도 제법 잘 벌었습니다. 그렇게 평생 운영하는 가게만 잘 운영하면 되겠다고 생각했습니다. 하지만 3년이라는 시간이 지나니, 매출이 갑자기 확 줄어들어서 알아봤더니, 근처에 신규로 술집들이 많이 생겼다는 걸 알게 됐고, 지금 운영하고 있는 가게는 이제는 손님들한테 매력적이지 않다는 것을 받아드렸습니다. 대부분의 사장님들은 여기서 그렇다고 내가 가게를 바꿀 수 있는 게 아니니깐 매출이 많이 낮아졌으니, 직원들을 그만두게 하고, 최소 인력만 쓰고 수익이 적더라도 운영을 계속합니다. 그런데 제가 말씀한 사장님은 이때 다른 선택을 했습니다. 바로 그 당시 새로운 매장으로 탈바꿈을 한 것이지요. 결과는 다시 대박을 쳤습니다. 이유는 손님을 집중시킬만한 신규 매장으로 오픈을 했고, 처음에 말씀드렸던 것처럼 제일 입지가 좋은 곳에 있었으니깐요. 현 사장님만 그런 게 아니었습니다. 소위 장사를 잘한다는 사장님들을 만나보면 갈아타기를 잘하는 분들이 대체적으로 장사를 잘했습니다. 그래서 저는 장사를 하는 것은 다르게 말하면 치고 빠지는 눈치게임이라고도 생각합니다. 대신 사장님들은 이런 판단을 해야 합니다. 내 가게가 딱 봤을 때 10년, 20년 운영해도 되는 가게인지 아니면 자주 탈바꿈을 해줘야 되는 가게인지를 분석을 많이 해야 됩니다. 그중에서 장사를 잘하는 사장님은 이때 이런 생각을 했었습니다. 이제는 눈치게임으로 시간이 흘러서 상권이 변화해서 계속 다른 가게 하는 것도 지치고, 이제는 가게 하나를 잘 만들어서 오랫동안 운영하고 싶다는 말을 했던 사장님은 다음 매장은 정말로 10년 20년 운영할 만한 매장을 계약을 하셨습니다. 사장님께서 현재 운영하는 점포는 바닷가 부근에 위치해 있는 횟집을 하고 계십니다. 그리고 제가 아는 분 중에서는 칼국수 매장을 운영하는 분들도 있었습니다. 그리고 대표적인 변화가 상권을 살펴보면 점포들이 많이 바뀌어 나가는 것을 알 수 있지만 파주, 남양주, 화성시, 양주, 의정부, 시흥시 등의 외곽에 있는 가게들을 보면 상권이라고 제대로 형성되어 있지 않은데 막국수 집도 그렇고, 한 자리에서 10년 넘게 장사하는 사장님들을 쉽게 찾아 볼 수 있습니다. 최근에 제가 자주 방문했던 칼국수 집은 장사가 잘 돼서 새롭게 리모델링까지 했는데 횟수로 치면 10년 이상을 장사하고 있습니다. 이렇듯 장사를 잘하는 분들은 늘 이런 생각을 합니다. 평생은 아니지만 10년 넘게 운영할 수 있는 업종인지 아니면 1년, 2년 정도 재미를 보고 판매해야 되는 점포인지를 판단해서 오래할 업종이 아니라고 판단이 서면 잘될 때 혹은 잘 안 될 때 하루라도 빨리 가게를 정리하는데 집중합니다. 그걸 망해서 정리한다고 생각하지 않습니다. 그냥 자연스러운 현상이라고 생각합니다. 그리고 가게가 나가면 다시 예전처럼 가게를 알아보고, 새로운 매장을 계약을 합니다. 그리고 다시 잘 되는 경우를 많이 봤습니다. 장사는 눈치게임이라서 평생하려고 하기 보단 때가 되면 가게를 정리하고 새로운 가게를 오픈해야 된다는 걸 알게 된 것은 장사를 잘하는 분들을 권리금 양도양수 계약을 하면서 알게 됐습니다. 그래서 제 글을 읽는 분들도 장사 할 때는 평생 운영하겠다는 생각보단 타이밍이 좋을 때 가게를 팔고, 새로운 가게를 다시 운영한다고 생각했으면 좋겠습니다.

가게는 내놓고, 장사해야 됩니다

    제목 그대로 가게를 할 때 정리할 마음이 조금이라도 있다면 저는 운영하는 가게를 내놓고 장사해야 된다고, 생각합니다. 물론 시작한 지 얼마 되지 않은 가게들은 상관이 없습니다. 하지만 어느 정도 운영했고, 내가 가게를 정리를 할 마음이 정말 10%라도 있다면 내놓고, 장사를 하는 게 맞습니다. 왜 그렇게 생각하는지를 말씀드리겠습니다. 가게를 시작한 분들이 대부분 가게를 정리하고 싶을 때가 있습니다. 바로 정리하고 싶은 마음이 70%가 됐을 때 보통 가게를 내놓습니다. 하지만 이때 우리는 알아야 됩니다. 가게를 정리하는 것도 결국

수요와 공급에 의해 계약이 된다든 걸요 여기서 사람들은 가게를 내놓기 전에 생각합니다. 내 매장 정도면 가게가 빨리 나갈 것이 분명하다고, 말이죠. 하지만 저는 많은 사장님들을 만나면서 알게 됐습니다. 가게가 쉽게 안 나간다는 것을요. 나가는 가게들도 물론 있죠. 하지만 제가 봤을 땐 수요와 공급법칙에 의해서는 이렇습니다. **가게를 사겠다는 분들은 시장에 정말로 없습니다.** 정말 극소수입니다. 예를 들어서 가게를 구하겠다고 하는 사람이 2명 있다고 보면 가게를 정리하는 분들은 저는 그 숫자에 50배, 100명은 되는 것 같다고 생각합니다. 일단 첫 번째로 장사에 대한 수요가 생각보다 없습니다. 장사라는 것은 목돈이 들어가고, 리스크가 상당히 많다 보니, 하려는 사람이 없습니다. 일단 대부분 장사에 대한 꿈이 없고, '장사를 했다가 잘 안되면 어떻게 하지?' 라는 두려움 때문에 월급 받는 안정적인 직장을 선호합니다. 결혼을 했는데 집에 생활비가 부족하다고 느끼면 어떻게 하면 돈을 벌까? 궁리를 하고, 창업을 선택하기 보단 오히려 맞벌이를 하는 경우가 많습니다. 노후에 대한 준비로 돈을 더 벌 생각보단 노후를 위해 예를 들면 부동산, 주식 등의 공부를 해서 투자를 해도 장사를 생각하는 분들은 거의 없습니다. 그러다 보니, 장사를 하려는 분들의 수가 1차적으로는 적습니다. 그리고 제가 하는 일은 이미 운영하는 가게를 다른 사장님한테 넘겨주는 권리금 양도양수 일을 주력으로 하는데, 예비 창업자를 만나는 시간 보다 가게를 현재 운영하는 사장님을 훨씬 많이 만납니다. 가게를 내놓으려는 사장님들을 만나보면 알 수 있는 건 가게를 처음 시작하고, **정리하는 분들이 많다**는 겁니다. 다르게 해석하면 내가 운영하는 가게가 계약이 쉽지 않은 이유는 많은 창업자분들이 가게를 처음 시작할 때 신규로 창업을 하는 수요가 압도적으로 많기 때문에 그렇습니다.

신규 창업이 많은 이유는 저희처럼 기존에 나와져 있는 가게를 연결해주는 창업컨설팅 회사가 있다는 걸 모르는 분들이 많기 때문입니다. 그리고 두 번째는 창업을 할 때 창업에 대해서 잘 모르다 보니, 프랜차이즈를 선택해서 본사에 전화를 합니다. 본사는 저희처럼 양도양수 업무는 안하고, 신규 매장 위주로 오픈만 도와준다고 보면 됩니다. 그렇다보니, 신규 매장 수요는 있어도 양도양수 수요는 적습니다.

두 번째로 가게가 쉽게 정리가 안 되는 이유에 있어서는 고정관념도 있습니다. 상식적으로 생각 했을 때 장사를 시작하는 분들은 나름의 설렘을 갖고, 장사를 하는데 장사를 잘하는 가게라면 본인이 생각했을 때 정리할 이유가 없다고 생각을 하거든요. 그러니 장사가 안 되니깐 내놓은 가게라고 대부분 생각하기 때문에 기존에 운영하는 가게를 인수하겠는 생각은 안하고, 신규로 오픈하는 사장님들이 많아서 계약이 잘 안 되는 경우가 있습니다. 그리고 이유가 한 가지가 더 있는데, 바로 선호도입니다. 창업을 하려는 사장님은 양도양수를 할 때 선호도 있는 매장 위주로 먼저 계약을 합니다. 반대로 장사가 잘 되도 선호도가 낮은 업종은 찾는 분이 적어서 계약이 잘 되지 않습니다. 그렇기 때문에 저는 장사가 잘 되는 것 안 되는 게 중요한 게 아니라는 것을 알았습니다. 선호도에 따라서 가게가 안 나갈 수 있다는 게 중요합니다. 그래서 장사가 잘 되도 선호도가 낮은 매장들은 계약 하는 난이도가 높습니다. 간혹 가게 사장님 중 제게 어느 정도가 급하게 정리하는 거냐고 물어보는 사장님들이 있습니다. 대부분 사장님들은 2~3달 정도가 급하게 정리하는 거라고 생각하지만 저는 그렇게 생각하지 않습니다.

저는 1년 정도 기간을 두고 정리하고 싶은 마음이 있는 사장님이라면 저는 그게 급한 분들이라고 생각합니다. 그만큼 계약이 잘 안되거든요 그래서 가게는 정리할 마음이 10%라도 있으면 내놓고, 장사 하는 게 맞습니다. 반대로 가게를 정리할 마음이 70% 넘어갈 때면 어쩌면 이미 가게를 정리하는 시점이 늦었을지도 모르겠다는 말씀을 드리고 싶습니다. 가게를 급하게 정리하는 것은 여러 이유가 있습니다. 가게를 운영을 하다 보면 육체적으로도 힘들지만 정신적으로도 많이 힘듭니다. 그러다 보면 더 이상 돈이 돈으로 보이지 않고, 매장이 감

옥 같이 느껴질 때가 있습니다. 이때 가게를 내놨는데 잘 나가지 않으면 불안해지고, 초조해집니다. 그러다가 내가 운영하는 가게 말고 기존에 나와져 있는 매장들 소식도 종종 들립니다. 그러다 보면 무권리로 정리한 분들도 많고, 나랑 비슷한 매장인데 내가 2억을 받고 싶어 하는 데 어떤 분은 5천만 원 손해 보고 정리하고 있다는 걸 알게 됩니다. 그러다 보면 내가 처음에 투자했던 금액을 받으려는 건 욕심이라는 것을 알게 됩니다. 그때부터는 권리금을 계속 손해를 보면서 낮춥니다. 그리고 정리하고 싶은 마음이 점점 커지면 매장 출근하는 게 너무나 싫어집니다. 하루라도 빨리 정리를 하고 싶은 마음만 간절해집니다. 시간이 지나서 정리가 잘 되지 않으면 큰 금액을 손해보고 정리하는 사장님을 본 게 하루 이틀이 아닙니다. 대부분 패턴이 다 똑같습니다. 그래서 저는 가게를 정리하고 싶은 마음이 있을 땐 이미 많이 늦어버린 상황이라고 생각합니다. 그래서 가게를 정리하겠다는 마음이 들면 제 글을 보고, 오늘부터 정리하고 싶은 마음이 10%라도 있으면 가게를 내놓고 장사하는 게 맞습니다.

제가 최근에 계약해드린 사장님은 좋은 가게였지만 계약이 번번이 되지 않았습니다. 그리고 제가 계약을 해드렸는데 괜찮은 가게임에도 불구하고, 2년이라는 시간이 걸렸습니다. **가게가 정리가 되는 건 내가 어떻게 한다고 해서 빨리 정리되는 게 아닙니다.** 아파트처럼 정해진 가격이 있으면 시세보다 싸게 내놓으면 바로 나가겠지만 권리금은 시세가 정해진 게 없습니다. 그래서 난이도가 훨씬 높다는 걸 기억해야 합니다. 장사가 힘들다는 건 장사를 안 해본 사람들은 잘 모릅니다. 직장인은 적성에 안 맞으면 직장을 그만둘 수 있지만 장사는 또 그렇지 않으니깐요. 그래서 가게는 정리할 마음이 있다고 하면 바로 내놓고, 장사를 해야 된다는 말씀을 드립니다.

가게 정리할 때 다른 가게도 보자

───────

가게를 정리하기로 마음을 먹었다면 첫 번째는 내가 주장하는 권리금을 받을 때까지 기다려야 합니다. 만약 수익이 괜찮으면 이때는 권리금을 더 받고 정리할 수 있는 유일한 시간이기도 합니다. 하지만 **대체적으로는 권리금을 더 받고, 정리하는 게 어렵습니다.** 왜냐하면 고객 분들도 몇 천만 원 혹은 몇 억을 주고 시작하는 창업이라서 많은 조사를 하고 해당 매장을 계약하기 때문에 그렇습니다. 그렇기 때문에 현실적으로 시세에 맞게 정리가 되는 게 현실입니다. 그러면 어떻게 정리를 해야 될까요? 바로 내 가게만 보지 말고, 다른 가게들이 어느 정도 수준으로 가게를 정리하는지를 먼저 알아야 합니다. 가게를 지금 당장 정리할 마음은 없고, 시간이 지나서 정리할 때 생각해서 미리 내놓으신 분들 중에 권리금 높게 내놓으신 분은 괜찮습니다. 내가 원하는 금액으로 내놔도 계약이 될 수 있기 때문입니다. 하지만 매도 계획이 확실한 분이라면 시세를 파악하는 건 실제로 중요합니다. 시세 조사를 하지 않고, 가게를 내 놓는 경우 비싸게 내놔서 계약이 안 되고 있는데 그 이유를 다 알고 있는데 운영하는 사장님만 모르는 경우가 많습니다. 그렇기 때문에 매도를 희망하는 사장님이라면 다른 가게를 보고 시세를 조사하는 건 매장을 정리 하는데 많은 도움이 됩니다.

그래서 가게 정리를 할 때 손해를 보고 가게를 정리하신 분은 다음 가게를 할 때는 신규 창업은 잘 안하고, 손해를 많이 보고 내놓은 가게 중 괜찮은 가게를 구매하는 분들이 많습니다. 당시 코로나 때 PC방 계약이 많이 됐습니다. 아무도 예측하지 못했던 코로나가 찾아왔습니다. 그때 초기에 가장 많이 피해를 입은 사장님은 PC방 사장님이라고 생각합니다. 사회적 거리두기로 영업이 제한이 되면서 24시 업종이었던 PC방이었는데 9시 이후로 장사를 못하게 된 겁니다. 이때 아비규환이었습니다. 그래서 신규로 몇 억 투자한 PC방 사장님도 큰 손해를 보고 가게를 정리했습니다. 그리고 PC방은 제일 중요한 게 자리 입니다. 정화구역이라고 해서 학교 경계선으로부터 200M 안에 PC방 허가를 받지 못해 독점으로 운영했던 PC방이었는데 그 PC방은 법이 생기기 전부터 있었던 PC방은 계속 영업을 할 수 있었기 때문에 자리가 정말 좋았는데 장사가 힘들다보니, 그 사장님이 매장을 내놓은 겁니다. 그래서 그 당시에 좋은 자리에 위치해 있는 가게를 구매 했던 사장님들이 있었습니다.

양도양수 계약을 해보면 처음에는 신규 창업으로 오픈을 해서 운영을 하는 분 중에서 손해를 보고, 정리를 했던 사장님들은 본인이 손해 본 만큼 손해보고 정리하는 장사 잘되고 있는 가게를 싸게 잘 구매해서 운영을 다시 제기해서 잘 된 사장님들이 있다는 걸 알았습니다. 그래서 저는 가게를 정리할 때 손해를 보더라도 시세대로 가게를 내놔야 정리가 잘 된다는 말씀을 드리고 싶습니다. 그리고 기억해야 되는 건 대부분 잘 모르고 창업 했던 첫 번째 가게는 장사에 대한 경험이 부족하기 때문에 손해를 보고 정리할 수밖에 없다는 말씀을 드리고 싶습니다. 그리고 가게를 안 하는 분들이 많은데요. 그게 아니라 여기서 두 번째 가게를 하라고 저는 권유하고 싶습니다. 이유는 두 번째 가게에서 첫 번째 가게에서 손해 본 이상으로 다시 제기를 해서 장사를 잘하는 분들이 많았기 때문에 그렇습니다. 그리고 이 글을 읽는 예비 창업자 분들도 가게를 할 때 시세를 먼저 확인하라고 생각합니다. 시세를 잘 모르는 분들 중에서 잘못된 선택으로 후회하는 사장님이 있습니다. 가게를 할 때 좋은 상권에 들어가고 싶을 때 좋은 상권에 못 좋은 자리에는 공실 매장이 없다는 걸 알게 되고, 기존에 장사를 잘하고 있는 사장님께 권리금을 많이 주고 내보낸 뒤 철거를 직접해서 신규 매장으로 비싸게 오픈하시는 사장님들이 있습니다. 그랬을 때 장사가 잘되면 다행이지만 장사가 잘 되지 않는 다면 투자한 금액 회수는 당연히 어렵습니다.가게를 정리했을 때 손해를 크게 보고 정리하는 분들이 많이 있기 때문에 가게를 시작할 때는 무작정 좋은 자리를 하겠다고 하는 것도 좋지만 먼저 내가 하려는 업종의 가게들이 어느 정도 되는 자금으로 시작하는지 그리고 투자했던 분들이 현재는 어느 정도로 가게를 정리하는지 시세를 확인해 보고 창업을 시작했으면 좋겠습니다.

소문 없이 가게를 정리할 수 없습니다

    창업을 할 때 가게를 나중에 정리할 수 있다는 생각은 하지 않고, 평생 가게를 할 것만 생각합니다. 하지만 가게를 시작하고, 가게를 정리할 시점이 누구에게나 찾아옵니다. 그때 가게를 내놓으면서 생각보다 잘 정리가 안 되서 고민하는 사장님들이 많습니다. 그리고 제가 창업컨설팅 일을 오래한 걸 알고 있는 점주님 분들은 가게 정리할 때 제게 의견을 많이 구합니다. 그때 저는 이렇게 말합니다.

    "사장님 가게는 많은 분들이 몰라서 안 나갑니다. 실제로 가게를 정리하는 사장님들 중에 소문나는 게 싫어서 조용히 정리하는 분들이 있습니다. 그렇게 정리가 되는 사장님은 다행이지만 그렇지 않은 사장님들이 훨씬 많습니다. 그리고 가게를 내놓고, 급한 시점이 찾아왔을 때는 이미 되돌릴 수 없습니다. 그렇기 때문에 가게를 할 때 간판을 달고, 장사를 하는 것처럼 가게를 정리할 때도 소문이 날 수 있게 많은 간판을 달고, 가게를 내놓는 게 맞습니다. 이를 잘 몰라서 끝까지 가게를 소문 내지 않고 정리하려는 분들이 있습니다. 그랬을 때 이렇게 될 수 있습니다.

첫 번째 사례입니다. 제가 아는 사장님이 매장을 하나 계약하기 위해서 저랑 오랜 기간 만남을 이어갔던 분이었습니다. 저한테 매장을 계약을 했고, 장사도 나쁘지 않게 운영을 하고 있었지만 제게 후회한다는 말을 했었습니다. 이유가 뭔지 물어봤습니다. 처음에 해당 매장을 계약하기 전에 하게 된 이유를 말씀을 해주시는 겁니다. 저는 원래 집 앞에 있는 A 프랜차이즈 매장이 장사가 잘 되어 보여서 해당 프랜차이즈를 해야겠다고 생각을 했고, 알아봤는데 집 앞에는 이미 해당 프랜차이즈 매장이 장사를 잘하고 있었기 때문에 오픈을 할 수가 없어서 결국에는 집과 거리가 먼 곳에 가게를 저랑 계약했었습니다. 그런데 그때 계약을 하고 장사를 하면서 알아보니, 본인 집 앞에 있는 매장이 지금 운영하는 매장보다 매출도 높고, 권리금도 저렴한 걸 알게 됐습니다. 하지만 저는 그걸 모르고 집과 거리가 먼 곳에 계약을 해서 많이 아쉬움이 남아 있습니다."

반대로 A 프랜차이즈 사장님께서 더 많은 분들에게 가게 정리하겠다고, 소문을 많이 냈다면 아마 집과 거리가 먼 매장을 운영하는 사장님은 저랑 계약하지 않고, 해당 매장을 계약했었을 겁니다. 이렇듯 많은 분들이 계약하기 좋은 매장임에도 불구하고, 계약이 안 되는 이유는 많은 분들이 매장이 나와져 있는지 모르기 때문이라고 말씀을 드리고 싶습니다. 그래서 **점포 정리할 때는 소문을 많이 내고 정리하는 게 맞습니다.** 가게를 내놓을 때 첫 번째는 내 가게를 사주려는 분들을 알아야 합니다. 제가 많은 분들을 만나 보면서 알게 된 첫 번째 사실은 가게를 구하시는 분들 중에 10명 중 8명은 처음 가게를 하는 분들이라는 겁니다. 그 말은 가게를 저렴하게 내놔도 가게를 처음 하는 분들 입장에서는 권리금이 저렴한지 모른다는 겁니다. 그렇다보니 권리금이 저렴하다고 해서 계약이 빨리 되는 건 아니기 때문에 빨리 나가기 위해서는 **소문이 필요**합니다. 왜 저렴한지 모르냐면 업종마다 매출과 수익이 다르고, 권리금이 다 나르기 때문에 그렇습니다. 두 번째는 가게를 하나만 보지 않고, 하나의 매장을 계약할 때 많은 매장을 보고 그중에서 괜찮은 매장을 오랜 기간 검토해보고, 구매한다는 걸 알아야 합니다.

제가 예전에 계약한 매장 중 1개의 매장을 보면 이렇습니다. 가게 사장님이 내놓은 기간은 1년이 됐습니다. 그리고 그때 A라는 매수자 분께 브리핑을 드렸습니다. 그랬더니, 해당 매장을 3개 월 정도 지켜보고, 계약을 했습니다. 이렇게 3개월을 보셨던 이유는 해당 점포가 1년 동안 내놨지만 예비 창업자분은 1년 동안 내놓은 지는 전혀 모르고, 오늘 처음 브리핑 받은 매장이라서 3개월을 지켜볼 수밖에 없었던 겁니다. 처음 창업하는 분들은 가게 하나를 계약하더라도 걱정이 많기 때문에 오랜 기간 지켜보고 계약을 하는 게 고객이라는 말씀을 드리고 싶습니다. 반대로 급한 마음은 없지만 가게 소문을 많이 냈던 사장님은 가게가 처음에 잘 나가지는 않았지만 나와져 있는 걸 알게 된 창업자 분들이 많이 있었습니다. 그 상태에서 가게 사장님이 급한 마음이 들었을 때 권리금을 손해 본다고 생각하고 권리금을 낮췄더니, 기존에 가게를 유심히 보고 있던 창업자 중에서 1분이 전화 와서 권리금을 낮춘 걸 알고, 바로 계약을 했습니다. 이렇듯 사전에 많은 분들이 매장 정리하고 있는 걸 알고 있는 분들이 많으면 급한 시점에 가게를 정리할 때 도움이 많이 됩니다. 그래서 가게를 정리하기로 마음을 먹었다면 소문나는 걸 두려워하지 않았으면 좋겠습니다. 그리고 실제로 예전과 지금은 많이 달라졌습니다. 예전에는 장사가 안되는 사장님들만 가게를 여기저기 소문내고 정리했었습니다만 지금은 다릅니다. 지금은 오히려 장사가 잘되는 사장님들일수록 더 적극적으로 가게를 소문내고 정리합니다. 그렇게 하는 게 가게 정리하는

데 유리하다는 걸 잘 알기 때문에 그렇습니다. 그리고 기억해야 될게 있습니다. 가게를 소문내면 장점이 투자한 금액을 덜 손해보고 정리할 가능성이 높다는 겁니다. 계약이 될 만한 괜찮은 매장도 몇 명 안 되는 소수의 사람만 브리핑을 받아서 매장을 보게 되면 계약 될 확률이 현저히 낮아지기 때문에 그렇습니다. 그렇게 되면 정리가 쉽게 되지 않는다고 생각해서 권리금을 보통 낮춥니다. 그리고 또 계약이 안 되면 더 낮춥니다. 간혹 계약이 될 만한 괜찮은 권리금이 형성이 되어 있는 가게 사장님들이 소문내는 게 싫어서 몇 분에게만 맡겨놔서 계약이 충분히 될 만한 금액으로 내놨지만 더 손해보고 정리하는 분들을 많이 봤습니다. 반대로 권리금이 저렴하지 않은 매장이었지만 많은 분들에게 알렸더니, 손해를 적게 보고 계약이 된 사장님들이 있다는 말입니다. 좋은 매장은 소문나는 걸 두려워 소비자가 매장을 몰라서 구매를 하지 못하니, 소문나는 걸 두려워하는 매장보다 좋지 않은 매장인데도 소문을 많이 내서 먼저 계약 되는 경우들이 있다는 말씀을 드리고 싶습니다. 저는 그래서 이렇게 생각합니다. **권리금을 잘 받고, 잘 정리하기 위해서는 많은 소문이 필요하다고 생각합니다.** 그리고 소문나는 걸 두려워하지 않았으면 좋겠습니다. 소문이 안 나서 안 팔리고, 안 팔려서 손해 보고 가게를 정리하는 것보단 차라리 소문이 많이 나서 빨리 파는 게 낫다고 생각하기 때문에 그렇습니다.

2호점 운영은 안했으면 좋겠다

처음 장사 할 때 다들 많은 고민을 합니다. 장사가 잘되면 다행인데, 안되면 어떻게 하지? 요즘 뉴스 기사를 보니깐 몇 천만 원 혹은 몇 억을 장사가 잘 안 되서 손해보고 정리하는 사장님들이 많다고 하던데, 그리고 잘못 계약을 했어도 내일 장사가 안 된다고 안할 수 있는 게 아니기 때문에 걱정을 많이 하는 사장님들이 있습니다. 돈만 있으면 창업은 쉽게 할 수 있지만 돈이 있어서 하고 싶어도 못하는 사장님들이 훨씬 많습니다. 이유는 마음의 장벽이 커다랗게 있어서 그렇습니다. 문 한발 짝만 나가면 되지만 그 한 발짝을 겁이 많이 난다는 이유로 장사를 시작하지 못합니다. 그러다가 용기를 내는 시점이 우연찮게 찾아옵니다. 회사가 어려워져서 구조조정이 될 때, 회사가 더 이상 나와 맞지 않는다고 느꼈을 때, 나이가 있어서 다른 회사에 이직하는 게 어려워질 때 등등 지금 현 상황이 힘들어질 때 창업을 한 번이라도 생각하셨던 분은 이때가 기회라고 생각하고 창업에 많이 도전을 하지만 많은 사장님들이 장사가 잘 되지 않아 힘들어 하는 경우를 많이 봤습니다.

그리고 그중 몇 명은 가게를 처음 했는데, 대박 나는 경우가 있습니다. 처음 장사를 시작했던 장사가 잘 된 사장님은 돈 벌어가는 재미가 있다 보니, 장사하기 잘했다는 생각을 많이 합니다. 그래서 이때 이런 생각을 많이 합니다. 장사가 잘되니, 직원을 더 쓰고, 2호점을 오픈해서 두 매장에서 소득을 벌어 가면 좋겠다는 생각을 하게 됩니다. 하지만 저는 말리고 싶습니다. 물론 2호점을 동업자와 잘 운영하는 분들도 있습니다. 실제로 장사히는 분들 중에 법인을 설립해서 정말로 괜찮은 분들과 여러 개의 매장을 잘 운영하는 대표님들이 실제로 많이 있거든요. 하지만 그것도 소수입니다. 대부분은 2호점을 하고 후회를 많이 합니다. 제가 아는 사장님의 이야기를 들려드리겠습니다. 처음에 카페를 하고 싶어서 여러 브랜드를 알아봤고, 그중에서 괜찮은 브랜드를 오픈 했습니다. 그랬는데 정말 놀라울 정도로 장사가 잘 됐습니다. 현 상권에 너무나 적합했던 매장이었습니다. 이때 사장님은 해당 매장이 장사가 잘되니, 장사에 소질이 있다고 생각 했다고 합니다. 그래서 자신감을 갖고, 같은 업종의 매장을 다른 상권에 오픈을 했습니다.

하지만 결과는 좋지 않았습니다. 첫 번째 매장과 다르게 두 번째 매장은 매출이 적고, 장사가 잘 되지 않아서 직원 쓰기 어려운 상황이 되었습니다. 사장님은 어떻게든 두 번째 매장을 살려보겠다고, 정말 열심히 출근했습니다. 그랬더니 첫 번째 가게가 사장님의 부재로 매장이 점점 기울어지게 됐습니다. 결국 사장님은 선택을 해야 했고, 두 번째 매장을 포기했고, 첫 번째 매장만 집중했습니다. 그래서 두 번째 매장은 손해를 많이 봐도 상관없으니 빨리 정리 하고 싶어 했습니다. 그렇지만 임대차 계약을 2년을 맺었기 때문에 중간에 나갈 때 운영을 할 수 있는 사장님이 구해져야 되는데 구해지지 않아 적자가 계속 발생이 되자 결국 첫 번째 매장에서 벌었던 돈으로 두 번째 매장 적자를 메꾸게 되었습니다.

이런 사례는 정말로 많습니다. 왜 이런 현상들이 생겨날까요? 첫 번째 이유는 자신감이 망친다는 말을 해드리고 싶습니다. 모두가 그렇지는 않습니다. 처음 시작했던 가게가 장사가 잘된 게 무조건 내가 잘해서라고 생각하면 위험하다는 말씀을 드리고 싶습니다. 그러면 자존감이 많이 높아진 상태이기 때문에 2호점을 낼 때 나는 어딜 가든 잘할 수 있어! 라는 생각을 갖고 계약을 합니다. 맨 처음에 창업을 할 때 두려움이 많아서 첫 가게를 할 때는 6개월 혹은 그 이상을 알아봤는데 매장이 잘 되서 얻은 자신감으로 두 번째 가게는 제대로 알아보지 않고 쉽게 계약을 하는 사장님들이 많습니다. 제대로 **준비가 되어있지 않은 상태로 2호점을 계약해서 실패한 사장님들을 많이 봤습니다.** 그리고 두 번째는 직원 문제가 생기기도 합니다. 카페를 했던 사장님은 직원들과 아르바이트생을 고용했지만 오랜 기간 일하는 직원들이 없었기 때문에 스트레스가 많았습니다. 하나의 가게를 할 때는 직원이 갑작스러운 이유로 출근을 못한다고 했을 때 사장님이 직접 근무를 했었는데 어느 날 두 가게에서 일하고 있는 직원이 동시에 갑작스러운 이유로 서로 출근을 못 한다고 했을 때가 있었는데 이럴 때 곤란했다는 사장님들이 있었습니다. 그래서 2호점을 차리는 건 힘든 요소가 많습니다.

예를 들어 1호점에서 동업 관계로 장사를 했는데 몇 년간 한 번도 싸움이 없이 운영을 했을 경우라면 2호점을 운영하는 것 괜찮다고 생각합니다. 아니면 직원이 갑작스럽게 관둬도 그 시간에 일할 수 있는 직원이 보충되어 있을 만큼 인건비를 충분히 많이 쓰고 있는 매장이라면 2호점을 해도 괜찮습니다. 하지만 그렇지 않다면 저는 2호점은 말리고 싶습니다. 결국 2호점을 하고 싶은 욕망은 돈을 더 벌고 싶은 욕망으로 시작 했지만 2호점을 시작하고 1호점에서 벌었던 돈을 까먹는 사장님들이 많았기 때문에 2호점 창업은 힘든 요소가 많다는 걸 말씀드리고 싶었습니다.

장사가 안 될 경우 처음부터 다시 시작하자

저는 장사가 잘 안되다가 장사가 잘 된 사장님들도 많이 봤고, 장사가 잘되다가 장사가 잘 안 되는 매장도 많이 봤습니다. 그 중에서 장사가 잘 되지 않은 매장들의 문제점을 몇 가지 이야기 해보겠습니다.

1. 직원들만 두고 운영하는 건 아닌가요?

장사가 잘 되다가 안 되는 매장을 상담 하다 보면 사장님께서 직접 일하다가 매출이 좋으면 이제는 직원들만 두고 운영해도 괜찮겠다고 생각을 해서 더 이상 출근을 하지 않는 경우가 있습니다. 사장님이 있을 때는 사장님 눈치를 보며, 열심히 일하는 직원 분들도 사장님의 부재로 일을 대충하기 시작합니다. 이때는 사장님 부재로 장사가 안되는 게 보이면 사장님이 다시 예전처럼 출근을 해야 되는데 그 시기를 놓여서 장사가 안 되셨던 사장님들이 있습니다. 만약 장사가 안 된다면 직원들만 두고 운영하는 체제가 잘 돌아가지 않는 게 아닌가? 라는 걸 의심해 볼 필요가 있습니다.

2. 사소한 것에 집중해보세요.

장사를 잘 하는 사장님들의 특징이 있습니다. 바로 사소한 걸 잘 지킨다는 겁니다. 제가 아는 대표님이 있습니다. 원래는 슈퍼바이저로 프랜차이즈 회사에서 오랜 기간 근무를 했고, 정말로 열심히 사셨던 분입니다. 그랬던 대표님께서 최근에 중식 가게를 오픈했습니다. 그런데 장사가 잘 되는 게 보입니다. 이유는 간단합니다. 사소한 것에 집중을 하더라고요. 가장 중요시 했던 건 화장실 청결이었습니다. 중식 전문점에서 이렇게 깔끔한 화장실은 처음 본다는 이야기를 들을 정도로 청결을 유지했습니다. 그 외에도 세심하게 신경 쓴 부분이 많이 있었습니다. **고객에게 인사하는 인사 멘트, 직원의 실수했을 때 대처법** 등 다 매뉴얼 되어 있고, 직원들이 항시 볼 수 있게 종이로 프린

터해서 볼 수 있게 해놨습니다. 그리고 아이들이 오면 아이 전용 캐릭터 그릇 포크 등도 센스가 돋보였습니다. 그리고 여성 손님 분께는 머리끈을 드렸고, 화장실을 가면 가글을 할 수도 있습니다. 어떻게 보면 정말로 사소한 걸 수도 있는데, 이런 사소한 점 덕분에 장사가 잘 됐던 걸 옆에서 지켜봤습니다. 장사가 잘 되지 않는다면 제가 말한 사장님처럼 사소한 걸 놓이고 있는지 확인해 보셨으면 좋겠습니다.

3. 매장이 오래되지는 않았나요?

매장 계약을 하다 보면 장사가 잘 됐다가 장사가 잘 되지 않은 매장들이 있습니다. 사장님께서 사소한 것에 신경을 많이 썼고, 메뉴도 괜찮고, 직접 근무도 합니다. 그런데 장사가 잘 되지 않아서 고민입니다. 해당 매장은 카페였고, 결국 가게를 정리하기 위한 마음에 저를 만나 상담을 했습니다. 저는 이렇게 말씀드렸습니다. 매장이 오래된 걸 수도 있습니다. 업종마다 다 다르겠지만 카페는 수명이 길지는 않습니다. 왜냐하면 그만큼 이색이 있는 카페들이 신규로 많이 생기기 때문에 그렇습니다. 그래서 **카페는 변화를 줘야 된다**고 생각합니다. 우리 주변에 있는 프랜차이즈를 예를 들면 한 자리에 오랜 기간 있지만 몇 년마다 인테리어가 계속 바뀌고 있다는 걸 확인할 수 있습니다. 이렇듯 오래된 매장은 새롭게 단장할 필요가 있습니다. 그리고 개인 카페를 우리가 방문하는 목적은 SNS에 사진을 찍기 위해서 방문합니다. 하지만 인기 있는 카페도 많은 분들이 방문하다 보면 이제는 다녀왔던 곳이라는 익숙함에 다른 카페를 찾는 분들이 있습니다. 그리고 신규 카페들 역시 많이 오픈 한다는 것을 기억해야 합니다. 제가 아는 사장님은 제 이야기를 듣고, 처음에는 싸게라도 가게를 정리하기로 마음을 먹었지만 가게 정리하는 것을 멈추고, 인테리어를 새롭게 바꿔서 재 오픈을 해서 장사가 잘 된 사장님도 있습니다.

4. 새로운 가게를 하는 게 빠를 수도 있습니다.

장사가 안 되는 매장을 다양한 방법을 활용해서 장사가 잘된 사장님들이 있습니다. 하지만 장사가 잘되지 않는 경우도 있습니다. 가게가 잘 된다는 게 소문이 나면서 그 주변 일대에 같은 업종을 하는 가게들이 많이 생겨서 나눠먹기가 돼서 제대로 된 매출을 못 가져가게 된 사장님이 있습니다. 혹은 상권에 맞지 않는 아이템으로 가게 오픈을 해서 장사가 안 되는 사장님도 많이 있었습니다. 이런 경우 노력해도 장사가 안 될 수 있습니다. 오픈하고 장사가 너무 안 된다면 어쩌면 빠르게 정리하고, 새로운 가게를 하는 것도 방법이라고 생각합니다. 앞에 말씀드렸듯이 지금 당장 핫한 아이템으로 오픈을 해서 잠깐 돈을 잘 벌고, 계속 돈이 잘 벌리지 않는데 그래도 잘 될 거라는 생각으로 무작정 버티는 것도 정답이 아닐 수 있습니다. 그리고 처음 계약할 때 내가 하는 아이템이 현 상권에 독점이라고 좋아할 필요도 없습니다. 차라리 경쟁이 많은 곳에 들어가서 경쟁하는 게 오히려 좋을 수도 있습니다. 독점 상권이라고 생각해서 하나가 잘 되면 앞에서 말씀했듯이 같은 아이템의 가게가 많이 생기는 걸 많이 봤습니다. 만약 장사를 하고 있는데 장사가 너무 안 된다면 깔끔하게 가게를 정리하고, 새로운 가게 하는 것도 고려해 볼 필요가 있다고 생각합니다.

돈을 잘 벌었다는 착각에서 벗어나기

돈 이야기는 꼭 해야 될 것 같습니다. 자영업은 결국 돈과의 싸움인 것 같습니다. 돈을 잘 버는 것도 어렵고, 돈을 지키는 것도 어렵다고 생각합니다. 그래서 오늘은 자영업 돈에 관한 이야기를 해드리고 싶습니다. 일단 돈을 잘 벌 때는 소비를 조심해야 합니다. 직장인으로 벌었던 소득에 비해서 잘 벌어가는 사장님 중 과소비를 하는 분들이 있습니다. 외제차를 구매하는 분들도 많이 봤습니다. 하지만 기억해야 될 게 있습니다. 예를 들어서 보증금 제외하고 2억을 투자해서 가게를 했다고 가정해봅시다. 그랬더니, 600만 원 정도 순익이 나옵니다. 이때 이런 생각이 듭니다. 와..내가 이 돈을 은행에만 넣어뒀다면 얼마 안 되는 이자를 받았을 텐데, 2억을 투자해서 600만 원을 벌다니, 정말 가게를 잘한 것 같다는 생각을 합니다. 1년이면 무려 7천 2백만 원입니다. 하지만 여기서 중요한 게 있습니다. 바로 가게를 정리할 때 가게를 운영할 다음 사람이 내게 2억을 줘야 내가 현재 운영하는 가게에서 600만 원을 번 게 맞습니다. 하지만 예를 들어 가게를 정리할 때 가게가 잘 정리가 되지 않아서 1억을 손해보고 1억을 받고 가게를 넘겼고, 나는 2년 동안 운영한 가게를 정리했다고 가정해보면 2년 동안 번 게 1억 4천 4백만 원인데 여기서 1억을 손해보고 정리했으니, 내가 2년 동안 번 돈은 4천 4백만 원 밖에 안 된다는 계산을 하셔야 됩니다. 다른 말로 해석하면 창업할 때 내가 벌어갈 수 있는 소득 대비 투자한 금액이 과하다는 생각이 들면 창업을 과연 하는 게 맞을지 고민해 볼 필요가 있다는 말입니다.

창업하는 분들 중에 투자금액을 최소로 해서 돈을 잘 벌어가는 경우는 너무나 좋습니다. 하지만 돈을 잘 버는 매장일수록 투자금액이 많이 들어가는 건 사실입니다. 그렇기 때문에 가게를 할 때는 팔 때 제대로 된 투자금액을 못 받을 경우를 대비해서 지금 당장 많이 벌었어도 많이 번 것처럼 과소비를 하면 안 된다는 말씀을 드리고 싶습니다.

그리고 두 번째는 **위기가 무조건 찾아온다**고 생각해야 합니다. 2019년 12월 중국 후벵이성 우한시에서 처음으로 코로나19라는 증상을 호소하는 환자들이 가하급수적으로 증가하면서 세계가 말 그대로 비상이었습니다. 20년 1월부터 본격적으로 중국을 넘어 아시아권부터 퍼지기 시작해서 발생 3개월 만에 전 세계 모든 국가에 퍼졌고, 발생 4개월 만에 모든 대륙을 집어삼켰으며, 수많은 확진자 와 사망자를 기록할 정도로 엄청난 질병이었습니다. 정말 패닉이었습니다. 공장에 코로나 환자가 1명이 발생이 되면 공장 운영을 멈춰야 했을 정도로 사태가 심각했습니다. 그렇게 됐을 때 막대한 피해는 운영 하는 분이 감당했습니다. 아무도 이렇게 큰 질병이 올 것이라고는 예측하지 못했을 겁니다.

자영업 사장님들도 이때 피해가 심각했습니다. 거리에 돌아다니는 사람이 없었고, 영업은 9시 이후에 못하게 됐습니다. 술집은 저녁에 장사를 해야 되는데 무기한 문을 닫아야 했습니다. 이때 폐업률도 상당히 증가했습니다. 이런 위기가 찾아올 것이라고 예상하지 못했습니다. 그때 그 전에 돈을 잘 모아놨던 분들은 여유자금으로 버틸 수 있었습니다. 하지만 이때 위기를 준비하지 않았던 사장님들은 정말 많이 힘들어 했습니다. 그리고 이 시기에 좋은 가게를 급매로 내놓은 사장님들의 가게를 위기를 대비해서 현금 확보를 잘 했던 분들은 오히려 이때 기회라고 생각하고 구매를 했습니다. 지금도 그때 구매했던 가게들을 운영하는 사장님들이 있습니다. 그렇기 때문에 자영업할 때는 돈을 과소비하지 않고, 현금 확보하는 게 중요합니다. 반대로 돈 관리를 잘하지 못한 사장님은 이때 많이 힘들어 하셨습니다. 그래서 자영업을 할 때는 많이 벌었다고, 과소비를 하면 안 되고, 늘 미래를 위해 대비를 해야 된다는 말씀드리고 싶습니다. 위기는 언제 찾아올지 모릅니다.

장사를 잘하고 싶으면
건강이 제일 중요합니다

　장사를 잘하고 싶으면 돈 잘 버는 것보다 최우선 되어야 하는 게 건강입니다. 장사를 하는 분들을 보면 20대 30대 분들은 잘 없습니다. 30대 중반부터 장사를 본격적으로 많이 시작하고, 장사를 하는 분들 중에는 70이 넘으셨는데 장사를 하는 분들도 많이 있습니다. 그렇다 보니 건강이 안 좋아서 가게를 정리하는 사장님들을 많이 봤습니다. 저도 처음에는 아파본 적이 없어서 공감을 못했는데 최근에 크게 아파보면서 건강이 정말 중요하다는 걸 깨달았습니다. 때는 4월이었고, 평소처럼 일을 하고 있는데 눈에 물체가 흔들려 보이는 겁니다. 그래

서 더 이상 걸을 수 없었고, 걷기만 하면 어지럼증이 심해서 구토를 했습니다. 그래서 저는 119에 전화를 해서 병원으로 이동했던 경험이 있습니다. 증상은 전정신경염이었습니다. 그래서 일주일 정도 일을 못했습니다. 그랬던 병이 최근에 8월 초에 찾아와서 다시 또 1주일 정도 일을 못했습니다. 저는 프리랜서라서 일을 못하고, 쉬었을 때 큰 지장이 없지만 매일 같이 출근해서 3명의 몫을 혼자 소화했던 사장님이라면 정말 힘들겠다는 생각을 했습니다. 1인 매장이라도 하루 매출을 포기하고 쉬는 건 어려운 일입니다.

이렇듯 **장사를 하면 아픈 게 치명적으로 다가옵니다.** 첫 번째로 주방에서 근무하는 사장님의 이야기입니다. 사장님은 주방에 있다 보면 기름 연기, 가스에 계속 노출되고 호흡하다보니 건강이 자연스럽게 나빠졌다는 이야기를 제게 해주셨습니다. 그래서 환기가 건강에 직결된다고 말을 해주었습니다. 그리고 다른 사장님의 이야기도 해보겠습니다. 학원가에서 장사를 하는 시장님의 이야기입니다. 10평 남짓한 가게에서 매장을 운영하고 있었습니다. 그런데 저한테 가게를 못하겠다고 자주 전화를 하셨습니다. 이유를 들어보니 이렇습니다. 10평 남짓한 테이크아웃 매장에 많은 인원이 일을 하는데 너무나 많은 직원들이 관두고 학생이 한꺼번에 오는 시간에 바쁘게 일하다 보니 손목도 아프고, 밥도 제대로 못 먹어서 역류성 식도염도 찾아왔고, 일하다가 허리디스크가 왔는데 제대로 쉬지도 못하고, 허리보호 대까지 하고 일하고 있는데, 너무 힘들어서 미치겠다는 말을 해주었던 사장님이 기억납니다. 이렇듯 자영업은 돈을 잘 버는 것도 중요하지만 체력 뒷받침이 필수입니다.

저는 건강으로 무너지는 사장님을 많이 봤습니다. 아픈 걸 참고 장사를 하는 사장님을 만난 적이 있습니다. 아픈데도 장사를 하는 이유는 장사를 하지 않았을 때 매달 나가는 비용들 그리고 오늘 문을 닫았을 때 잃게 되는 하루 매출이 얼마인지 대략적으로 계산이 되기 때문에 아파도 참고 버티는 사장님들이 바로 자영업 하는 사장님들입니다. 초기에 아픈 증상이 있음에도 건강관리를 제대로 하지 않아서 나중에 큰 병을 호소할 때면 잃어버린 건강을 되찾기 어려운 게 현실입니다. 그래서 자영업은 돈 보다 훨씬 중요한 게 **바로 건강관리가 핵심**입니다. 건강은 한 순간입니다. 그러니깐 돈을 잘 벌기 위해서 장사를 시작했다면 꼭 건강을 첫 번째로 챙기라고 말씀드리고 싶습니다.

진상 손님 대처법을 알고 계시면 좋습니다

가게를 운영하면 진상 손님 때문에 매일 같이 힘든 나날을 보낸 사장님들이 있습니다. 그래서 저는 가게를 운영할 때 진상 손님을 대처하는 매뉴얼 공부가 필수라고 생각합니다. 일단 첫 번째는 마음공부를 해야 합니다. 마음이 강해져야 진상 손님이 와도 마음의 상처를 안 받을 수 있습니다. 왜 무례한 분 때문에 상사하는 사장님들이 스트레스를 받고, 겁을 내야 하는지 모르겠습니다. 저는 오히려 무례한 진상 손님 분들이 잘못됐다고 생각합니다. 그래서 마음이 약한 분들이 가게를 할 때 진상 손님 때문에 힘들어 하는 경우가 많습니다. 인간관계에서는 내게 선 넘는 행동을 한 사람은 안 만나면 그만이지만 가게는 그렇지 않습니다. 내가 싫어하는 진상 손님이 단골로 오는 경우가 많아서 스트레스가 심해질 수 있습니다. 그래서 저는 진상 손님을 현명하게 이겨내는 3가지 방법을 말씀 드려보고 싶습니다.

1. 감정조절 훈련을 했으면 좋겠습니다.

저는 창업컨설팅 일을 젊은 나이부터 시작해서 사람을 상대하는 게 정말 힘들었습니다. 저도 마음이 약한 사람 중에서 한 명이었습니다. 매일 같이 새로운 고객을 만나는 게 주로 하는 일이다보니, 고객을 상대하는 게 늘 쉽지 않았습니다.

그때 저의 감정을 좋은 상태로 유지하기 위한 공부를 많이 했습니다. 그중에서 3가지가 기억에 남습니다. **첫 번째는 명상을 했습니다.** 일반적인 자연소리만 들리는 명상이 아니라 명상에 오디오북을 입힌 겁니다. 내용은 이렇습니다. 나는 날마다 행복해진다. 나는 날마다 운이 좋다. 이런 긍정 확언을 계속 들어줬습니다. 그럼 무의식에 긍정 확언이 자리를 잡아서 저의 감정을 잘 다스려줬습니다. 그리고 **두 번째는 동기부여 동영상을 자주 시청했습니다.** 유명한 분들의 멋진 명언들이 담긴 정말 좋은 영상입니다. 항상 들으면서 저의 열정을 일깨워졌습니다. 이것도 감정 조절에 도움이 되었습니다. 그리고 세 **번째는 항상 웃는 표정을 유지하려고 노력했습니다.** 신기한 건 웃는 표정으로 있으면 오히려 고객 분들도 제게 대하는 태도가 달라지는 걸 알게 됐습니다. 웃는 얼굴에 침을 뱉지 못한다는 유명한 속담도 있잖아요. 그리고 오히려 복이 들어옵니다. 우선 가게를 잘 운영하기 위해서는 제가 했던 방법이 정답은 아니지만 저처럼 사장님만의 방법을 찾아서 감정 훈련하는 게 중요하다고 생각합니다. 그리고 일기를 쓰면 좋습니다. 우리가 간혹 기분이 나쁜 일이 있을 때 친한 사람에게 다 털어놨더니, 마음에 있던 한이 많이 풀린 적이 있던 기억이 있을 겁니다. 그렇지만 가게를 하면 누구한테 털어놓기가 힘듭니다. 그럴 때 화나는 감정을 일기를 써보는 겁니다. 실제로 일기장에 글을 적는 게 별게 아닌 것 같지만 마음에 쌓여 있던 앙금을 많이 해소시키는 좋은 역할을 한다고 합니다.

2. 상대방 입장에서 생각해보기

진상 손님은 언제나 싫습니다. 하지만 다르게 생각해 보면 오히려 진상 손님이 아닐 수도 있습니다. 지적을 해주는 건 어떻게 보면 지적한 부분을 고치면 다른 손님께도 좋은 걸 수도 있습니다. 그렇기 때문에 내게 진상이라고 생각했던 손님을 다른 관점으로 바라보면 오히려 내게 고마운 사람일 수 있습니다. 사장님 중에서 진상 손님이라고 생각했던 손님이 있었는데 나중에 그분이 지적해준 걸 다 바꿨더니, 매출이 좋아지고 단골이 많아져서 오히려 고마운 손님이었다고, 말한 분들도 있습니다. 그래서 한번 은 진상 손님을 진상 손님으로만 보지 말고, 오히려 내가 잘 되게 응원해주는 손님이라고 생각해보는 것도 좋을 것 같습니다.

3. 처음에는 힘들겠지만 진상 대처법을 매뉴얼화 하시길 바랍니다.

진상 손님 때문에 스트레스 받는 건 어떻게 할 수 있는 부분이 아닙니다. 여기서 좋은 건 대처법 관련한 매뉴얼을 만들어 보는 겁니다. 그리고 그것을 혼자만 보는 게 아니라 직원 분들이랑 다 같이 공유를 하는 겁니다. 그렇게 매뉴얼 화가 되어 있으면 손님의 불만 사항에 화났을 때 현명하고, 지혜롭게 대처할 수 있습니다. 실제로 제가 아는 사장님도 큰 매장을 운영을 했는데 손님이 불만을 느끼는 것을 적었습니다. 그랬더니 손님들의 불만 지수가 전보다 줄었다는 이야기를 해줬습니다. 그리고 함께 일하는 직원 분들과도 진상에 대한 대처법을 공유하면 직원 분도 그리고 사장님도 그렇고 전에 받았던 스트레스가 훨씬 줄어들었다고 했습니다. 옛말에 그런 말있잖아요. 죄송합니다. 한마디면 다 끝날 일을 같이 싸우겠다고 덤비니, 큰 싸움으로 번졌다는 말이 있습니다. 대처법과 제대로 된 매뉴얼이 있으면 작은 불씨가 큰 불씨로 변하기 전에 바로 끌 수 있습니다. 진상에 대한 어려움이 있다면 매뉴얼을 만들어보세요.

동업 매장을 운영했다면
빨리 두 개의 매장으로 늘려야 됩니다

창업하는 비용이 적지 않습니다. 하고 싶어도 돈이 없어서 장사를 선뜻 시작하지 못하는 사장님이 상당히 많이 있습니다. 그러다 보면 머릿속으로 생각합니다. 어떻게 하면 가게를 할 수 있을까? 그때 딱 떠오른 건 "동업"입니다. 사장님이 1명인 것보단 사장님이 두 명인게 훨씬 유리합니다. 하지만 동업 관계로 계약을 해서 가게 운영을 했고, 장사가 잘된다면 빠르게 동업 관계를 끝내라는 말씀을 드리고 싶습니다. 동업 관계는 사장이 두 명이다 보니, 서로 주장이 강해서 다투는 경우를 많이 봤습니다. 예를 들어 직원과 사장과의 관계라면 사

장이 지시하면 직원은 싫어도 따를 수밖에 없지만 같은 사장이라면 서로가 서로의 말을 듣지 않는 건 어쩔 수 없습니다. 그래서 결국 한 쪽이 나가는 걸 많이 봤습니다. 동업 관계는 왜 이렇게 사이가 안 좋아지는 경우가 많을까요? 몇 가지로 말씀드려보겠습니다.

1. 일을 잘하는 사람과 못하는 사람

동업 관계로 계약을 하게 되면 투자금액이 같이 들어갔기 때문에 소득도 반반 나누는 경우가 많습니다. 그런 상태로 운영을 해보면 딱 2가지 케이스로 나옵니다. 일을 잘하는 사람이 있고, 일을 못하는 사람이 있습니다. 여기서 일을 잘하는 사장님 입장에서는 결국 가게 일을 내가 다 처리하는 것 같은데 돈을 똑같이 가져가는 것에 불만을 표출합니다. 일을 못하는 사장님 역시 일을 못하기 보단 열심히 하는 겁니다. 하지만 본인이 일하는 것에 못 마땅 하는 동업자의 모습에 쌓였던 게 폭발하는 경우가 있습니다. 그러다 보면 결국 관계가 틀어지는 경우를 많이 봤습니다.

2. 투자를 받아서 한 명이 운영을 하는 경우 불화설이 생깁니다.

혼자 하려고 했지만 투자 금액이 많이 들어가서 동업을 제안했고, 한 명은 운영을 하고, 한 명은 투자만 해주는 경우입니다. 이런 경우에도 분쟁이 정말 많았습니다. 자영업은 힘든 일이라고 생각합니다. 뼈를 깎는 고통으로 돈을 벌어간다고 생각합니다. 운영을 맡아서 하는 사장님 입장에서 어느 날 일은 내가 다 하고 있는데 투자 금액을 서로 반반 했다고, 일을 안 하는 사장님도 돈을 나와 똑같이 받아가는 것에 불만을 느끼게 됩니다. 그리고 일을 안 하지만 투자금액이 들어갔다 보니, 동업자가 매장에 간섭을 하다가 싸우시는 분들 많이 봤습니다. 그리고 장사가 안 됐을 때 투자한 쪽에서 운영을 하는 분께 책임을 전가하면서 싸우는 것도 많이 봤습니다. 그래서 가게를 할 때 같이 하는 것보다 안 좋은 건 투자를 받아서 한쪽이 운영을 하고 돈을 나누는 것이라고 말씀드리고 싶습니다.

3. 소득이 적다는 생각을 많이 합니다.

두 명의 관계가 좋은 경우가 있습니다. 운영도 곧 잘하는 분들이 있습니다. 처음에는 불화가 있었지만 서로 잘 맞춰서 결국 잘 운영을 하는 분들이 있습니다. 하지만 사장님에게도 고민이 있습니다. 바로 둘이서 가져가는 소득이 적다는 게 고민이라는 걸 제게 이야기 해주셨던 사장님이 있습니다. 그래서 저는 한 명이 같은 업종으로 다른 상권에 가게를 하나 더 인수해서 서로 각자 매장을 운영하는 모습이 가장 이상적이라고 말씀드렸습니다. 처음에는 돈도 없고, 경험도 없어서 같이 운영을 했지만 같이 운영을 하면서 겪은 시행착오들 덕분에 이제는 각자 운영해도 될 거라고 생각했습니다. 그렇게 한 명이 다른 가게를 인수 받아서 운영을 하게 됐고, 이제는 서로 각자 매장을 운영하면서 수익을 가져가니 기쁘다고 제게 말해줬습니다. 다른 매장을 오픈 했던 사장님 역시 마찬가지로 처음 동업한 가게에서 배웠던 경험들을 바탕으로 다른 상권에서 가게를 하나 더 차려서 서로 분리가 돼서 이제는 두 명이 수익을 나눠서 가져가지 않아도 되니 행복하다고 저한테 이야기 해주신 사장님도 있습니다. 그리고 서로 같은 업종이니, 힘들 때 서로 도와주면서 돈독하게 지내는 사장님들의 모습을 보면 장사가 잘 된다고 했을 땐 서로 각자 흩어지는 게 좋은 것 같습니다.

매출이 높다고 순이익이 높은 게 아닙니다

일을 처음 시작했을 땐 매출이 높은 게 좋은 매장이라고 생각했습니다. 하지만 매장 운영을 하는 사장님들을 만나면서 매출이 높은 게 순익이 좋다고 생각 했었는데 그렇지 않았습니다. 오히려 매출이 높게 유지 했던 사장님들이 오히려 매출을 줄이는 현상들을 많이 봤습니다. 제가 만난 사장님의 이야기를 들려 드리겠습니다.

치킨 전문점으로 월 매출 1억 정도 찍었던 사장님이 있습니다. 그때는 너무 힘들었다고 합니다. 직원도 많이 써야 되고, 많이 쓰다 보니 인력관리도 힘들었다고 하소연했습니다. 그리고 세금도 많았다고 합니다. 사장님은 이런 부분에 지쳐서 매출을 과감히 포기하기로 결정했고, 오히려 홀이 있으니, 홀에 더 집중했다고 했습니다. 그렇게 직원 수도 확 줄였습니다. 배달 깃발도 확 뺐고요. 현재는 매출이 6천 정도 유지하는 치킨점이 됐습니다. 매출이 높았던 매장에서 매출을 줄이는 게 쉬운 선택은 아니었습니다. 하지만 그렇게 **매출을 줄이고 순익은 크게 다르지 않다**고 사장님께서 말씀해주셨습니다. 그만큼 나가는 지출도 줄었으니깐요. 그래서 제가 만난 사장님은 매출이 줄어들고, 오히려 일하는 것도 편해지고 잠깐의 여유도 생겼다고 했습니다. 물론 매출 6천 유지하는 것도 어렵습니다. 하지만 매출이 무조건 높다고 좋은 매장은 꼭 아니라는 말씀을 드리고 싶었습니다.

자영업을 하는 다른 사장님도 같은 이야기를 하셨던 사장님이 있습니다. 가게 매출이 높을 때 사장님 포함해서 8명이 근무했었다고 했습니다. 그런데 지금은 인건비를 확 줄이고, 매출도 낮추니, 수익은 그대로인데 운영하기 편하다고 이야기 해주신 사장님도 있습니다. 물론 매출이 높고 낮음에는 장단점이 있지만 꼭 **매출이 높은 매장만 좋은 매장이라고 볼 수 없다**는 말씀을 드리고 싶었습니다.

같은 직종 매장을 자주 방문해보세요

가게를 하고 있는데 장사가 잘 되지 않는 분들이 있습니다. 족발로 예를 들어보겠습니다. 주변에 족발 시킬 수 있는 경쟁 업체가 많이 있다는 걸 아실 겁니다. 그러면 내 매장의 족발만 들여다보지 말고, 다른 가게들의 족발도 많이 시켜서 먹어봐야 합니다. 이렇게 장사가 잘 되는 분들을 벤치마킹할 필요성이 있습니다. 그리고 다른 지역 족발 가게도 배달의 민족으로 확인할 수 있습니다. 주문하지 않아도 손님이 시키고 올린 리뷰를 봐도 좋습니다. 그리고 배달의 민족 주문하는 창에 어떻게 구성이 되어 있는지도 보면서 배울 점이 있으면 배워보는 게 좋습니다. 이렇듯 장사를 잘 하는 사장님들은 늘 이렇게 같은 직종의 매장을 자주 드려다 봅니다. 하지만 장사가 안 되는 사장님들은 여유가 없는지 다른 매장을 잘 보지 않는 경우들이 있습니다. 그래서 장사를 할 때는 같은 직종 매장을 분석하는 게 중요하다는 말씀을 드리고 싶습니다.

장사를 시작했다면 마케팅에 집중해봅시다

장사를 시작하고, 마케팅을 소홀히 해서 장사 안 되는 사장님이 있는 반면에 반대로 마케팅을 잘해서 장사가 잘되는 사장님들이 있는 것을 보면 마케팅이 중요하다는 걸 알 수 있습니다. 물론 제일 기본은 음식의 맛이 좋아야 합니다. 하지만 음식의 맛이 누가 봐도 인정할 만한 맛집인데 사람들이 매장을 잘 몰라서 장사가 안 되는 사장님들이 있습니다. 그래서 저는 이번 장에서는 마케팅에 대한 부분을 말씀 드려볼려고 합니다.

1. 비용 투자하지 않아도 충분히 마케팅 할 수 있습니다.

가게를 운영하면서 나가는 비용이 한 두 가지가 아니다보니, 선뜻 비용 투자를 못하는 사장님들이 있습니다. 마케팅도 하고 싶지만 업체를 이용하려면 비용을 내야 된다고 생각해서 마케팅을 전혀 고려하지 않는 사장님들이 정말로 많다는 걸 알았습니다.

하지만 저는 비용 투자하지 않고도, 충분히 마케팅을 할 수 있는 요소들이 많다고 생각합니다. 스스로 조금만 노력하면 충분히 해낼 수 있다고, 믿습니다. 개인이 직접 할 수 있습니다. 요즘은 핸드폰으로도 사진을 촬영하면 정말로 잘 나옵니다. 그렇기 때문에 본인 핸드폰으로 음식을 열심히 사진을 찍고, 매장 사진을 찍어서 직접 운영하는 블로그에 올리는 방법도 있습니다. 고객 분들은 매장을 검색했을 때 매장의 내부는 어떻게 되었는지, 외부는 어떻게 되어 있고, 음식은 어떻게 나오는지를 궁금해 합니다. 그렇기 때문에 직접 사진을 올린다면 좋습니다. 그리고 직접 인스타그램을 운영하는 것도 좋습니다. 인스타그램은 불특정 다수한테 노출이 되기 때문에 잘 만들어 놓은 동영상 혹은 사진을 보고, 실제로 매장 방문해주시는 분들이 있기 때문에 비용이 들어가지 않고도 충분히 잘 할 수 있습니다.

2. 리뷰 이벤트를 적극적으로 활용해야 합니다.

장사가 잘 되는 집의 특징은 리뷰 이벤트를 적극적으로 활용하는 걸 알 수 있습니다. 서비스를 주면 손해처럼 보일 수 있지만 실질적으로 손해가 아닙니다. 오히려 리뷰를 하고, 더 많은 분들이 방문해준다면 훨씬 이득인 거죠. 그래서 초기에 매장을 잘 운영하기 위해서 사장님들은 리뷰 이벤트를 적극적으로 활용하는 걸 봤습니다. 처음 매장을 이용해보려는 고객분 입장에서는 리뷰가 많은 매장이 당연히 신뢰가 가니, 방문하려고 하는 경향이 있거든요

3. 블로그 체험단을 적극적으로 활용해보세요

블로그 체험단을 활용하는 건 좋습니다. 블로그 체험단도 여러 종류가 있습니다. 하지만 블로그 체험단을 적극적으로 할용 하면 리뷰가 계속 올라와서 운영하는 가게 노출이 더 잘 됩니다. 자연스럽게 홍보도 됩니다. 그래서 블로그 체험단을 이용해보는 것도 좋습니다. 실제로 제가 아는 사장님 중에서 동네 상권에 가게를 오픈했는데 블로그와 방문자 리뷰가 많아지면서 장사 잘 된다는 소문이 돌기도 했습니다.

4. 마케팅 업체를 선택할 거라면

마케팅 업체를 선택할 때는 잘 알아보고 계약을 합니다. 많은 분들이 가게에 신경 쓴다고, 업체를 제대로 알아보지 않는 경우에는 그만큼 피해를 고스란히 운영하고 있는 점주 몫이 되어버립니다.

그럼 마케팅 업체를 잘 알아보고 계약하는 건 어떤 걸까요?

4-1 여러 업체를 알아보면 좋습니다.

마케팅에 대해서 잘 모르겠다면 업체를 많이 만나서 상담해보는 것을 권유 드립니다. 잘 모르기 때문에 한 업체를 상담하고 그 업체랑 계약을 하면 좋은 업체면 다행이지만 그렇지 않은 업체를 잘 못 만나서 후회하는 사장님들을 많이 만났기 때문에 여러 업체를 만나는 것을 권유 드리는 편입니다. 그렇게 여러 업체에서 같은 설명을 듣다 보면 선택할 때도 좋은 업체를 선택할 가능성이 높아집니다. 그리고 이왕이면 전화로 계약하기 보단 업체를 정확히 만나서 미팅해보고 결정하는 걸 추천 드립니다.

4-2 지인을 통해 소개받는 것도 좋습니다.

장사를 하고 있는 사장님이라면 주변에 자연스럽게 가게를 하고 있는 사장님을 알게 되는 경우가 있습니다. 그러면 혼자 고민하기 보단 주변에 물어보는 경우가 좋습니다. 그럼 자주 이용하는 업체를 소개해줍니다. 그렇게 소개받은 업체랑 진행하면 같은 비용을 지불해도 비용을 잘 투자했다고 말하는 사장님들이 있습니다. 그렇기 때문에 마케팅을 잘 모르겠다면 하면 주변 아는 사장님들 있다면 물어보면 좋습니다.

4-3 장기간 계약보단 건 당 비용을 받는 업체가 좋습니다.

사장님들이 마케팅 업체를 알아보면 장기간 계약을 유도하는 업체들이 있습니다. 물론 장기간 계약을 해서 잘하는 업체도 있지만 이미 돈은 많이 지불했는데, 이후에 연락이 제대로 되지 않는 경우도 있습니다. 그러면 돈을 돌려 받는 게 쉽지 않고, 스트레스만 쌓일 수 있습니다. 그렇기 때문에 계약을 진행한다면 단기간 계약을 선택하시고 이왕이면 건 수로 계약을 제결하는 것도 좋습니다.

4-4 가격이 저렴하다고 좋은 업체라고 볼 수 없습니다.

자영업을 시작하면 나가는 돈이 상대적으로 많기 때문에 마케팅 업체를 선별할 때도 큰 비용을 받는 업체가 부담이 돼서 적은 비용을 받는 업체를 선택하려는 분이 있습니다. 그러면 과연 효과가 있을지

의심을 해야 됩니다. 예를 들어서 블로그 1건 올려주는 것도 매장을 방문하는 노력을 해야 하고, 사진을 찍어야 되고, 이후에 글을 적기 위해 매장에 맞는 키워드도 찾아야 되고, 정보 글도 찾고, 글 1건을 적는데 노력이 많이 들어갑니다. 그럼에도 불구하고, 저렴한 비용을 받는다면 좋아하기보다는 오히려 '잘 하는 분일까?' 라고 먼저 생각해야 될 필요성이 있다고 말씀드리고 싶습니다. 저는 무조건 저렴한 업체가 좋은 업체는 아닐 수 있다는 부분을 말씀드리고 싶습니다.

직원 관리는 어떻게 하는 게 좋을까?

일을 하면서 많은 사장님들을 만나면서 직원에 대한 스트레스를 받는 사장님들이 있습니다. 어떻게 하면 직원 관리를 잘할 수 있을까요? 그 부분에 대해서 저의 생각을 말씀드려 보려고 합니다.

1. 사장님이 다 할 줄 알아야 합니다.

저는 양도 양수를 주 업무를 하고 있고, 계약을 해드리면서 많은 사장님들과 소통을 하면서 알게 된 건 결국엔 **가게 사장님이 다 할 줄 알아야 된다는 걸 알게 됐습니다.** 사장님이 할 줄 모르고, 직원한테

의존하는 경우들이 있는데 그렇게 되면 매장이 망가진다는 걸 알았습니다. 예전에 알게 된 사장님이 양도양수를 받으면서 주방 직원을 그대로 고용했습니다. 사장님은 주방에 대해서 전혀 할 줄 몰랐습니다. 그러다 보니, 항상 주방 직원을 맞춰 주는 걸로 스트레스를 받으셨던 기억이 있습니다. 직원이 관두면 사장님이 주방을 전혀 모르니깐 당연히 을의 입장이 될 수밖에 없습니다. 이렇게 되지 않으려면 사장님께서 매장에 대해서 다 할 줄 알아야 합니다. 만약 다 할 줄 모르는 업종이면 차라리 운영을 안 하는 게 낫다고 생각합니다.

2. 솔선수범인 모습을 보여야 합니다.

아기를 키우는 부모님들의 이야기를 들어다 보면 아이는 부모의 거울 같다는 말을 많이 합니다. 아이가 말을 듣지 않을 때 계속 회초리를 들던 한 아빠가 있었습니다. 그랬더니 아이도 아빠와 마찬가지로 폭력성이 생긴 겁니다. 그래서 동생한테 폭력성으로 대하고, 엄마한테도 폭력성을 아이가 보였습니다. 그런데 아빠가 프로그램을 통해 달라지니, 아이의 행동도 달라졌습니다. 아빠가 아이를 사랑으로 교육을 하니깐 아이도 더 이상 동생한테 그리고 엄마한테 보이던 폭력성이 없어졌습니다.

그렇듯 가게도 똑같습니다. 사장님이 먼저 솔선수범을 하는 모습을 보여주면 그 모습을 보면서 일하고 있던 직원도 자연스럽게 같은 행동을 하는 걸 알 수 있습니다. 직원도 사장님과 거울이라는 말입니다. **사장님이 매장에 소홀하면 결국 직원도 소홀해질 수밖에 없습니다.** 내가 매장에 소홀하면서 매장이 잘 돌아갈 거라는 생각은 안하셨으면 좋겠습니다.

3. 규칙을 만들면 좋습니다.

직원 채용을 해서 관리를 잘하는 사장님들은 특징이 있습니다. 바로 규칙을 만드는 겁니다. 매뉴얼이 규칙처럼 되어 있으면 관리하기가 편한 측면이 많습니다. 매장에 대해서 사장님이 원하는 매뉴얼을 만들어야 됩니다. 인사말 그리고 아침에 출근하면 어떤 행동을 했으면 좋겠는지 그렇게 매뉴얼 만들면 직원 관리하는데 용이하다고 볼 수 있습니다.

4. 사소한 일에 꾸짖지 맙시다

직원으로 인해 스트레스가 많아지는 것은 어쩔 수 없습니다. 그렇지만 사소한 것에도 예민하게 굴면 사장님 옆에 있는 직원도 없습니다. 그렇기 때문에 사소한 부분에도 많이 꾸짖지는 않았는지 한번 되돌아 볼 필요가 있다고 생각합니다. 물론 직원들이 문제 일으키는 경우 역시 많습니다. 정말로 말도 안 되는 직원 분들이 많은 게 사실입니다. 하지만 반대인 경우도 있다는 걸 기억해야 합니다. 내가 좋은 사람이면 나쁜 직원은 곧 매장을 나가게 되어 있습니다. 반대로 내가 나쁜 사람이면 좋은 직원이 와도 금방 관둘 수 있다는 말입니다. **직원을 꾸짖기 전에 내가 좋은 사람인지 먼저 되돌아 볼 필요가 있습니다.**

그리고 꾸짖을 때는 손님 분들이 많고, 직원 분들이 다 보는 앞에서 감정적으로 대하는 건 옳지 않습니다. 그때는 기억해놨다가 나의 화나는 감정도 식히고, 끝나고 이야기 하는 게 좋습니다. 감정적일 때는 서로 좋을 게 없으니깐요.

이왕 시작했다면 간절했으면 좋겠습니다

첫 창업을 쉽게 생각하지 않고, 많은 준비를 하고 창업을 했어도 힘든 게 창업이라고 생각합니다. 창업컨설팅 일을 하면서 수많은 사장님들을 만나면서 제가 창업하지 않는 이유도 이와 마찬가지입니다. 가게는 내가 적성에 맞지 않다고 안할 수 있는 게 아닙니다. 그래서 이왕 가게를 시작했다면 간절해야 된다고 생각합니다. 제가 아는 사장님의 이야기를 해보려고 합니다. 사장님은 잘 다니고 있던 직장이 있었는데 오래 다니다 보니, 퇴사 시점이 찾아와서 퇴사를 했습니다. 퇴사하고, 가게를 한 번 해봐야겠다고, 생각해서 창업을 시작했습니다. 처음에는 쉽게 생각했습니다. 직원을 두고 운영을 하면 잘 운영이 될 거라고 생각했습니다. 하지만 사장님이 일하지 않고, 직원만 두고 장사를 하니깐 장사가 생각보다 잘 되지 않아서 결국에는 사장님이 인건비를 줄이기 위해 직접 일했습니다. 하지만 열심히 하지 않았던 탓에 매출이 좋아지지 않았습니다. 그래서 매출이 좋지 않았더니, 수익도 좋지 않아서 그때부터 사장님께서 이러면 안 되겠다고 생각을 해서 열심히 일을 했다고 제게 말했습니다. 수면 시간도 줄여가면서 밥도 제대로 못 먹으면서 열심히 일했다고 했습니다. 그렇게 하니 점점 매출이 나아졌고, 수익도 점점 좋아졌습니다. 사장님은 일주일 동안 출근을 다 할 정도로 노력했습니다. 그리고 제게 이렇게 이야기 해 주셨습니다. 장사는 간절함은 선택이 아니라 필수라고 말씀해주셨습니다. 그때 가족과 시간을 못 보낼 정도로 힘들게 보냈더니, 살도 장사하면서 15kg 정도 빠졌다고 했습니다. 그리고 현재 사장님은 장사를 하고 있지 않습니다.

아는 분께 이야기를 해서 직장에 다시 들어갔다고, 했습니다. 그리고 창업은 아예 생각이 없고, 지금은 다시 예전처럼 직장을 다니면서 자영업 했을 때만큼 돈을 벌고 있지는 않지만 행복하다고 했습니다. 저는 여기서 사장님이 지금 행복할 수 있는 이유는 그전에 치열하게 살았던 삶이 있었기 때문이라고 말씀드리고 싶습니다. 창업은 현실입니다. 그래서 시작하면 정말로 간절해야 됩니다. 안 그러면 순식간에 빚이 생겨버립니다. 저는 많은 사장님을 만나면서 잘 모르고 창업해서 힘들어 하는 분들을 많이 봤습니다. 하지만 시작하면 되돌릴 수 없기 때문에 이왕 시작했다면 매장이 다른 분께 잘 넘어갈 수 있도록 잘 운영했으면 좋겠다는 말씀을 드리고 싶습니다.

PART. 03

장사하면서 돈 버는 사장님들 이야기

순익 300만 원에서 순익 1천만 원 버는 방법

────────────

  자영업을 하고 있는 점주님 분들을 저는 현장에서 많이 만납니다.
만나는 매장들은 다 각기 다릅니다. 소형 매장을 운영하는 사장님이
있고, 대형 매장을 운영하는 사장님이 있습니다. 업종도 다 다릅니다.
스터디카페를 운영하는 분도 있고, 음식점을 운영하는 분도 있고, 카
페를 운영하는 사장님도 있고, 호프집, PC방 운영하는 사장님들도 있
습니다. 많은 사장님들을 만나 보면 장사를 하면서 이런 생각을 합니
다. 예를 들어 300만 원 정도 순이익으로 직접 일해서 벌어 가는 데
어떻게 하면 내가 운영하는 매장으로 500만 원 혹은 그 이상을 벌어

갈 수 있을까?라고 생각하는 분들이 있습니다. 하지만 여기서 우리는 생각해야 될 게 있습니다. 바로 운영을 열심히 안 해서 300만원을 벌어가게 된 걸까요? 아닙니다. 열심히 해서 300만 원을 벌어가게 된 겁니다. 하지만 여기서 무언가를 더 추가한다고, 저는 수익이 더 좋아진다고 생각하지 않습니다. 잘 알지도 못하고 이야기 하는 소리처럼 들릴지도 모르겠습니다. 하지만 이렇게 생각해보면 좋겠습니다. 300만 원을 벌어간 매장을 열심히 하지 않은 게 아니라면 지금 있는 상권과 입지에서 현 매장으로 벌어갈 수 있는 건 300만 원이 최대치가 아닐까? 생각합니다. 그럼 500만 원을 벌려면 어떻게 해야 될까요? 바로 300만 원이 나오는 매장을 300만 원을 벌고 싶어 하는 분께 가게를 정리하는 겁니다. 그리고 500만 원을 벌 수 있는 매장으로 재 오픈을 하거나 아니면 500만 원을 잘 벌어가고 있는 매장을 인수해서 운영하는 겁니다. 그렇게 순이익은 높아지는 겁니다. 내가 아무리 열심히 일한다고 해도 10평 매장과 200평 매장이 매출과 수익이 같을 수가 없는 건 당연한 거죠. 그리고 500만 원 버는 매장이 익숙해졌다면 이제는 500만 원 버는 매장을 500만 원을 벌고 싶어 하는 분께 정리하는 겁니다. 그리고 700만원 그리고 1000만 원 이렇게 점점 늘어난 자본금으로 매장 규모도 커지는 거라고 생각합니다. 제가 아는 사장님도 제게 이 이야기를 듣고, 실행에 옮겼습니다. 그래서 처음에는

300만 원 나오는 매장을 정리하고, 500만 원 나오는 매장을 저한테 인수 받으셨고요 이후에는 500만 원 매장을 정리하고, 700만 원 그리고 1천만 원 이렇게 순차적으로 매장을 양도 받으면서 확장해 나갔습니다. 자영업으로 돈을 버는 과정은 이렇게 형성이 되어 있다고 보면 됩니다. 근데 이렇게 점진적으로 성장하는 게 정말 중요합니다. 자영업을 처음 시작한 분이 아무리 다른 업계에서 능력이 좋았다고 해서 처음부터 큰 매장을 운영 하는 게 쉽지 않을 겁니다. 그렇기 때문에 저는 처음부터 너무 무리하게 큰 매장을 신규로 차리거나 인수 받는 것을 권하지는 않습니다. 제가 이렇게 말씀을 드렸어도 처음부터 천만 원 나오는 매장을 인수 받겠다는 사장님이 한 분 계셨습니다. 자영업은 전혀 해본 적이 없고, IT 업계에서 오랜 기간 일을 하셨던 사장님이었습니다. 제 입장에서는 사장님이 가게를 한 번도 경험해보지는 않았어도 1천만 원 버는 매장을 양도 받겠다고 하니, 말일 이유는 없습니다. 하지만 사장님은 인수 받아서 운영을 하면서 많은 문제들에 봉착되었습니다. 매장이 크다보니 직원도 많을 수밖에 없는데 직원에 대한 관리가 효율성 있게 잘 되지 않으니, 문제가 많았습니다. 그리고 사장님이라면 직원의 빈 공간을 다 채워줘야 하는데 그걸 못하니 결국 매출이 잘나왔던 매장이 매출이 줄어들었고, 이때 줄어든 매출을 늘리기 위해 기존 사장님이었다면 메뉴 점검부터 마케팅부터 집중적으로 해서 다시 매출을 끌어올렸을 겁니다. 하지만 사장님은 어떻게 대처해야 될지 모르겠다고 하셨고, 그렇다 보니 매출이 점점 내려갔고, 직원 수도 줄이면서 많이 힘들어 하셨습니다. 사장님의 사례를 보면 자영업은 경험 중요하다는 걸 알 수 있습니다. 그렇기 때문에 가게를 처음 하는 분이라면 처음부터 큰 매장을 하기 보단 작은 매장을 운영해보는 걸 추천합니다. 그렇게 해도 상관이 없는 이유는 작은 매장을 인수 받았고, 해보니 잘 운영이 된다고 하면 오래 할 게 아니라 운영을 해줄 수 있는 분께 빠르게 정리하면 되거든요 그렇게 작은 매장을 운영해보고, 이후에 큰 매장을 인수 받는 걸 추천 드립니다. 자영업이라는 게 큰 매장을 하려면 큰 금액이 들어갑니다. 근데 만약에 장사가 잘 되지 않으면 결국 큰 손해를 보고 정리할 수밖에 없습니다. 그렇게 큰 금액을 손해보고, 정리하면 복구하는 게 어렵습니다. 그렇기 때문에 장사를 처음 시작하는 것이라면 적은 금액으로 수익이 잘 나오는 매장을 계약을 해보고, 점진적으로 큰 매장을 늘려가는 걸 추천 드립니다. 제가 만난 사장님들 중에서 돈을 잘 벌고 있는 분들이 대다수 이런 식으로 점점 매장을 넓혀가면서 큰돈을 벌어가고 있다는 걸 알았습니다.

건물을 사서 장사까지 하는 사장님들

자영업 하는 사장님들을 만나다 보면 대부분 월세를 내고, 장사를 합니다. 근데 월세라는 부분이 결코 적지 않습니다. 적게는 80만 원에서 많게는 1천만 원 정도 월세를 지불하는 데 굉장히 큰 금액이죠. 근데 제 아는 사장님 중에 이렇게 말하신 분이 있습니다. 월세 내고 장사한 것을 후회한다고 저는 그래서 사장님께 여쭤봤습니다. 여쭤봤더니, 대출을 받아서 상가를 매입 후 장사를 하는 게 잘한 선택이라고 이야기 해주신 분이 있습니다. 처음에는 본인이 잘 몰라서 월세 내면서 장사를 했지만 그동안 건물 가격도 같이 오른 것을 보고, 결국 건

물주 분이 최종적으로는 돈을 더 벌어갔구나! 생각했다고 하셨습니다. 그래서 그때부터 건물을 매입하고, 장사를 하는 것이 좋겠다고 생각을 했다는 겁니다. 그리고 그때 알게 된 건 장사를 하기 위해 많은 지역과 상권을 답사를 했던 경험이 내가 운영할 상가 하나를 인수 받기 위한 초석이라고 말씀을 해주셨습니다. 그리고 경기가 좋아지면 건물 매매 가격이 자연스럽게 상승하기도 합니다. 그러면 시세차익도 얻을 수 있어서 좋았다고 하셨습니다. 그래서 장사를 하고 있는 사장님이라면 상가 매입도 생각해 보면 좋을 것 같습니다.

잘 되는 가게를 운영하는
사장님들의 4가지 방법

저는 가게 사장님들을 만나서 권리금 양도양수가 잘 될 수 있게 도와드리면서 어떤 식으로 장사를 하고, 돈을 벌어가는 지를 보게 됐습니다. 우리가 큰 금액을 주고, 구매를 하는 대표적인 건 부동산 중에서도 아파트입니다. 아파트 거래가 지금 와서 좋은 점은 공시가가 있고, 주변 시세를 한 눈에 볼 수 있다는 점입니다. 하지만 점포는 그렇지 않습니다. 시세라는 게 존재하지 않습니다. 2억을 투자해서 장사가 안 되면 투자한 금액 회수하지 못하고, 폐업하고 원상복구까지 해야 될지 모릅니다. 이 말을 반대로 하면 적은 투자금액으로 가게를 오

픈했는데 장사가 잘 된다면 투자한 금액 이상으로 돈을 더 받고 가게를 정리할 수 있다는 말입니다. 그래서 이번 장에서는 제가 아는 사장님들은 이렇게 돈을 벌어가는 걸 봤는데, 그중 몇 가지를 이야기 해보겠습니다.

1. 오랫동안 기다린다.

장사가 잘 되는 매장이 싸게 나오는 경우가 없습니다. 오히려 매출이 좋아서 돈을 더 받으면 정리하지 아니면 정리할 이유가 없습니다. 하지만 가게를 사고 싶어 하는 분들은 당연히 장사가 잘되고, 권리금이 적은 매장을 양도양수 받길 희망합니다. 그렇다면 장사를 오랜 기간 하는 분들이 쓰는 방법을 사용해야 됩니다. 바로 무한정 기다리기입니다. 제가 만난 사장님은 싸고 좋은 매장이 잘 나오지 않는 다는 걸 알기 때문에 매장을 많이 알아보셨습니다. 대신 지역은 크게 상관하지 않았습니다. 저처럼 양도양수 위주로 영업하는 창업 컨설팅 직원 분들이 많이 있습니다. 그래서 많은 분들께 전화를 해서 많은 매장을 의뢰 받았습니다. 그러면 내가 했던 매장이 아니 여도 어느 정도 시세 파악이 가능합니다. 그렇게 1년 동안 기다렸는데 마침 정말 괜찮은 물건이 급매로 나온 겁니다. 그래서 사장님은 마침 가게도 정리가 된 후였고, 고민하지 않고, 괜찮다고 생각했던 매장을 바로 계약을 하셨습니다. 조급하지 않고, 오랜 기다린 끝에 좋은 매장을 얻은 케이스입니다.

2. 저렴하게 가게를 구하는 게 중요한 이유

장사 경험이 없는 분들은 첫 번째 가게를 정리할 때 생각보다 시세가 낮게 형성이 되어 있는 시장을 바라보며, 놀랍니다. 그리고 현실을 부정합니다. 내가 이 정도 금액을 주고 투자를 했는데 어떻게 이렇게 저렴하게 내놨어? 말도 안 된다고 생각을 합니다. 하지만 시장이 그렇게 형성이 되어 있는 이유는 간단합니다. 바로 급하게 정리하는 사장님이 있어서 그렇습니다. 그리고 두 번째는 거래가 여러 번 된 가게들에 의해서 시세가 낮게 형성되어 있는 경우가 있습니다. 예를 들면 이렇습니다. 첫 번째 사장님이 2억을 주고 가게를 오픈했습니다. 근데 가게 정리할 때쯤에 손해보고 1억7천 정도에 가게를 정리합니다. 그리고 1억 7천에 인수했던 사장님 역시 가게를 운영하다가 정리하고 싶은 시점이 찾아와서 1억 5천에 정리합니다. 이렇게 점점 시세가 낮아지는 겁니다. 우리가 상권을 답사해 보면 해당 매장이 10년 째 성업을 하고 있는 가게가 있습니다. 근데 이 가게가 매장은 10년 째 그대로인데 주인만 5번 바뀐 가게들도 있다는 걸 알고 계셔야 합니다. 그래서 가게를 비싸게 구매를 하면 비슷한 매장 중에서 5번째 바뀐 가게 사장님이 내놓는 권리금이 대체적으로 저렴하기 때문에 자연스럽게 내 매장이 비싸게 보일 수 있습니다. **그래서 가게를 구매할 때는 신규로 창업할 때도 인수받아서 창업할 때도 자본금이 최대한 적게 들어가는 게 중요합니다.**

4. 1등 브랜드를 계약하는 이유

만난 사장님들 중에서 한 업종을 선택했다면 오랜 기간 운영하고 싶어 하는 분들이 있습니다. 하지만 빠르게 시장이 변화하고, 트렌드가 바뀌는 부분이 있어서 오랜 기간 한 브랜드로 장사를 하는 게 어렵습니다. 그만큼 동종 업계로 새로운 브랜드가 많이 생기기 때문입니다. 그렇지만 한 매장으로 오랜 기간 운영하는 사장님들이 있습니다. 바로 1등 브랜드를 선택하는 사장님들입니다. 제가 창업 시장에서 오래 있으면서 알게 된 건 일단 대부분 창업자 분들이 프랜차이즈로 매장을 오픈할 때에 괜찮은 프랜차이즈를 선택하는 게 중요하다는 걸 알았습니다. 만약 프랜차이즈 회사를 잘 못 만나면 후회합니다. 운영을 잘하고 있는데 갑자기 본사는 사라지고, 매장만 있는 경우도 많이 봤습니다. 그렇지만 1등 브랜드는 다릅니다. 확실히 시장에 선두주자로 계속 자리를 지키고 있는 것에는 이유가 있다고 생각합니다. 그리고 1등 브랜드가 오래 가는 이유는 인테리어 측면도 있습니다. 다른 브랜드는 한 번 인테리어를 하면 관여를 잘 안합니다. 근데 1등 브랜드는 본사가 자체적으로 새로운 인테리어를 선보이고, 직영점부터 가맹점 순으로 인테리어를 새롭게 바꿉니다. 예전에 방문했던 브랜드 매장도 제가 자주 갔었는데 너무 노후화 돼서 더 이상 방문 안하려고 했는데 새롭게 단장하니깐 저 또한 다시 충성 고객이 되었습니다. 그래서 내가 하나의 매장을 정말 오랜 기간 운영하고 싶다면 지금 반짝이는 브랜드 말고, 1등 브랜드 매장을 추천 드립니다.

장사를 잘하는 분들이 갖고 있는 철학

장사가 잘 되는 사장님들을 많이 만나면서 저는 궁금했습니다. 정말로 몫이 좋고, 장사가 잘 될 수밖에 없는 유명한 번화가 상권인데 불구하고, 장사가 안 되서 고생하는 사장님들도 많이 봤고, 반대로 정말로 안 좋은 상권이라는 생각이 드는 곳인데 장사를 잘하는 분들이 있었습니다. 그래서 저는 장사를 잘하시는 분께 "어떤 마음가짐으로 장사를 하셨나요?" 물어봤습니다. 그랬더니 사장님마다 가지고 있는 철학들이 다 있었습니다. 그래서 저는 오늘 장사를 잘하는 사장님이 갖고 있는 철학에 대해서 말해보려고 합니다.

1. 꾸준함이 중요하다.

평소처럼 책을 읽고, 길을 걸어가고 있는데 문뜩 대나무를 보며 대나무의 성장에 답을 찾았다고 했던 사장님이 계십니다. 대나무는 씨앗을 뿌리고 3년이 자나도 아무런 반응이 없지만 5년 째 되는 어느 날 죽순이 돋아나면서 엄청난 속도로 대나무가 자랍니다. 그래서 사장님은 여기서 꾸준함의 힘을 알았다고 제게 말해주셨습니다. 예전에는 조금만 힘들면 포기하고 다른 걸 했다고 했습니다. 하지만 지금은 일이 잘 되지 않아도, 꾸준하게 일을 했는데 처음에는 정말 힘들었다고 했습니다. 하지만 그때 **꾸준히 했던 덕분에 장사를 잘할 수 있게 됐고,** 이제는 장사가 체질이라고 말을 해줬습니다. 그래서 장사의 첫 번째 덕목은 "꾸준함"이라고 생각합니다.

2. 고객에게 미쳐야 합니다.

두 번째로 만난 사장님은 장사가 잘 됐던 이유는 첫 번째도 고객, 두 번째도 고객이라고 말을 해줬습니다. 사장님께서는 마케팅에 대해서 이렇게 생각했다고 했습니다. 첫 번째 온 손님에게 최선을 다하는 게 최고의 마케팅이라고 덧붙여서 말씀을 해주셨습니다. 이렇게 말하는 사장님은 처음에는 고객을 좋아하지 않았다고 합니다. 고객 관점에서 매장을 바라보지 않았다 보니, 불친절하기도 했고, 고객이 불만을 느끼는 것에 있어서 개선도 안했다고 합니다. 오히려 그 당시에는 내가 잘하고 있는데, 오히려 고객이 진상이라고 생각을 했었다고 했습니다. 그때 그런 마음가짐으로 일을 하다 보니, 재방문 하는 손님이 없어서 결국 장사가 잘 안됐었다고 말하셨습니다. 그래서 그때부터 어떻게 하면 좋을까? 생각하다가 방법이 떠오르지 않아서 그냥 **고객에게 미쳐봐야겠다**고 생각을 했다고 했습니다. 그렇게 고객 중심으로 바뀌니 놀라운 건 재방문율이 점점 늘었다고 했습니다. 방문했던 고객이 친구를 데리고 오고, 그 친구가 다른 친구랑 매장을 이용을 해줬고, 다른 친구가 회사 회식을 우리 가게에서 한다면서 장사를 잘하기 위한 본인의 철학은 첫 번째도 두 번째도 고객이라고 말을 해주었습니다.

3. 실패를 두려워하지 않는다.

성공한 분들을 만나서 상담을 해보면 대부분 처음부터 잘되지 않았다는 걸 알게 됐습니다. 제가 만난 사장님은 실패를 실패라고 생각하지 않습니다. 어떻게든 잘 될 것이라는 생각만으로 버텼습니다. 그리고 제게 말씀해주셨습니다. 나는 실패를 한 덕분에 지금의 성공을 당연하게 생각하지 않고, 잘될 때 오히려 더 열심히 일을 하고 있기 때문에 지금도 계속 잘 되는 매장을 운영을 하고 있는 것 같다고 말씀해주셨습니다. 대부분 사장님들은 실패를 두려워 합니다. 저는 실패를 두려워하지 않는 사람은 없다고 생각을 합니다. 하지만 실패를 두려워하면서 도전하는 게 결국 원하는 것을 이루는 사람이라는 것을 제가 만난 사장님을 통해 알게 됐습니다.

4. 항상 무언가를 배우려고 한다.

장사를 잘하고 있는 사장님은 지금도 계속 무언가를 보고 배울 점이 있다면 바로 실행하시는 분이 있었습니다. 주변을 보면서 늘 배우려는 사장님의 모습을 보며 프로의 모습이 느껴졌습니다. 그리고 현재는 매장 3개를 운영하는 사장님이 되었다고 말해주었습니다. 그렇게 될 수 있었던 이유는 직원이 곧 나의 동업자라고 생각하며 직원 분과 꿈을 같이 공유를 했다고 했습니다. 사장님 옆에는 오랜 기간 함께하는 직원 분이 자연스럽게 많아졌다고 합니다. 그만큼 월급도 충분히 챙겨주셨고요. 무엇보다 사장님 주변에 직원 분이 오래 있었던 이유는 직원 분들도 사장님한테 늘 배울 점이 있다고, 느꼈기 때문에 곁에 있는 거라고 저는 생각합니다. 사장님처럼 **제가 만난 장사를 잘하는 사장님들은 항상 꾸준히 배우는 사람들이었습니다.**

5.잘 될수록 겸손하고, 안 될수록 자신을 되돌아본다.

제가 만난 사장님은 장사를 오랜 기간 잘할 수 있었던 비결은 **첫 번째도 두 번째도 겸손**이라고 말해줬습니다. 왜 겸손을 중요시 하게 됐는지 여쭤봤더니, 본인이 겸손하지 못해서 실패한 경험담을 제게 들려줬습니다. 돈이 잘 벌리자 과소비를 많이 했고, 매장 관리를 소홀히 해도 장사가 잘 되니, 계속 소홀히 운영을 했다고 했습니다. 그렇게 해도 장사가 잘되는 게 영원할 줄 알았지만 위기가 찾아왔다고 했습니다. 손님이 어느 순간부터 매장을 방문해주지 않았고, 장사가 잘되지 않아서 결국 문을 닫았다고 했습니다. 그리고 새롭게 가게를 하면서 잘 되고 있는 이유는 첫 번째도 두 번째도 겸손이라고 말해줬습니다. 위기는 언제 찾아올지 모르니, 항상 자신을 되돌아보는 게 중요하다고 말해주셨습니다.

월 매출 2천만 원 음식점
운영하는 사장님 이야기

매장을 결정하고 어떤 브랜드를 할까? 고민 끝에 매장 하나를 계약했습니다. 처음에는 신규로 창업을 하려고 알아봤는데, 생각보다 투자금액이 많이 들어가는 게 부담이 되었는데, 알아보니, 신규 매장을 오픈하지 않아도 기존 가게를 인수 받을 수 있다는 걸 알게 됐습니다. 그래서 알아보고, 원하는 브랜드의 매장을 계약을 하게 됐습니다. 당시에 지인 분도 같이 창업을 했는데 지인 사장님께서는 오랜 기간 운영하지 않고, 가게를 손해를 많이 보고, 정리를 했지만 사장님은 운영을 잘하고 있다고 말해주었습니다.

"그 비결은 첫 번째는 **유행 타지 않는 브랜드**를 했다는 것입니다.

지인 분은 그 당시 유행했던 아이템을 선택했습니다. 단기간에는 저보다 장사가 훨씬 잘 됐습니다. 그래서 속마음으로는 '나도 그 아이템을 할까?'라는 생각을 했습니다. 하지만 저는 이미 매장을 운영하고 있어서 부러워만 했습니다. 근데 시간이 지나고 보니, 제가 잘했던 것 같습니다. 왜냐하면 지인 분의 가게가 유행 업종이었고, 유행의 시기가 지나니 매출이 감소 돼서 힘들어한다는 이야기를 들었거든요. 하지만 저는 4계절 내내 매출이 일정한 브랜드라서 매출이 꾸준했고, 그렇게 3년을 운영을 할 수 있었습니다. 그래서 저는 다른 지인 분이 물어 보면 유행 업종은 하지 말라고 권유합니다.

그리고 두 번째로 제가 잘했던 건 제가 감당하지 못할 매장을 하지 않았던 겁니다. 원래는 큰 매장을 운영을 하려고 했었습니다. 근데 제게 큰 매장을 운영하는 건 부담으로 다가왔습니다. 지금 운영하는 매장에 비해 노동 강도도 높고. 매장이 크면 직원 1명 써도 될 걸 3명, 4명을 써야 됩니다. 저는 회사에서 직원으로만 있어봤기 때문에 직원을 채용하고, 함께 하는 것에 대한 고민이 있었습니다. 간혹 지인 분 중에서 큰 매장을 운영해서 직원에 대한 스트레스가 많다는 이야기를 들으면 **작게 시작하길 잘했다**는 생각을 합니다. 그리고 큰 소득은 아니지만 직장인보다 조금은 괜찮은 월급을 벌어가고, 정년을 생각하지 않아도 된다는 점에서 장하기를 잘했다는 생각을 합니다."

월 매출 6천만 원 배달 음식점 운영하는 사장님 이야기

현재 4년 동안 배달 전문점을 운영하는 사장님이 있습니다. 사장님께서는 운영을 4년 정도하면서 배달 전문점에 대한 이야기를 저한테 해주었습니다. 처음에는 상권이 좋아야 된다고 생각을 하고, 상권이 좋고 목이 좋은 사리에 계약을 했습니다. 근데 돌이켜보니, 배달 전문점으로 비싼 월세를 내고 있었던 게 아닐까? 생각을 했습니다. 그래서 월세 250만 원이었던 매장을 정리하고 월세 100만 원 내는 매장으로 가게를 새롭게 구해서 운영을 했습니다. 지금은 월세 150만 원 아낀 만큼 순익을 더 가져가서 좋다고 말씀해 주셨습니다. 그리고 배달을 해보니깐 맛이 중요한데, 맛 보다는 양이 중요하다고 했습니다. 매장을 운영을 하면서 처음에는 양이 조금 적어도 질이 좋았을 때보다 질이 조금 낮아도 양을 늘리니깐 1번 주문했던 고객 분이 재주문하는 경우가 훨씬 많다는 걸 알았습니다. 그 당시에 고객 중심으로 생각을 했던 게 도움이 되었다고, 말을 해주었습니다. 그리고 매출의 한계를 느끼면서 해당 매장에 샵앤샵으로 다른 브랜드 매장을 집어넣었다고 했습니다. 그래서 배달의 민족에 고기 전문점 1개, 쭈꾸미 전문점 1개 이런 식으로 두 개를 입점 시켰더니, 두 군데서 매출이 동시다발로 이뤄져서 매출이 증가하게 됐다고, 말을 해줬습니다. 그리고 배달에 대해서 공부를 많이 했던 게 도움이 되었다고 했습니다. 그러면서 제게 처음에는 세대 수가 적으면 독점이 될까? 생각을 했는데, 그런 곳은 오히려 배달도 잘 안 잡히고, 배달 대행비도 더 비싸다는 이야기를 들었고, 차라리 세대 수가 훨씬 많은 곳에서 장사를 했는데 경쟁은 심하지만 확실히 총 주문 양 자체가 많은 상권이었기 때문에 그점이 좋았다고도 제게 말을 해줬습니다. 그리고 지금도 배달 매장을 잘 운영을 하고 있습니다.

카페로 1번 망해보고, 2번째로 재기한 사장님

　현재 카페를 1번 운영을 했다가 잘 되지 않아서 손해를 보고 가게를 정리하고, 두 번째 매장을 성공적으로 잘 운영하고 있는 사장님의 이야기입니다. 처음 카페를 했을 때 살 될 거라고 생각을 해서 쉽게 계약을 했지만 잘 되지 않았습니다. 잘 되지 않은 이유는 상권을 잘 못 들어간 것 같다고 했습니다. 최근에 완공된 건물이 있었는데, 아무도 없을 때 선점하면 괜찮겠다고 생각해서 카페를 계약했다고 했습니다. 하지만 이렇게 많은 카페들이 들어올 거라는 것을 그땐 몰랐다고 했습니다. 결국 수많은 카페가 생겼고 나눠 먹기를 했는데 본인 매

장에 손님이 오지 않아서 결국에는 가게를 손해보고 정리했다고 했습니다. 그리고 두 번째 가게를 할 때는 경쟁이 많아도 유동인구가 많은 상권 위주로만 알아봤고, 프랜차이즈 별로 매출과 대략적인 수익을 정확히 판단을 하고, 그중에서 제일 좋은 브랜드 매장으로 계약을 했습니다. 그랬더니 장사가 엄청 잘 됐다고 이야기를 해줍니다. 그러면서 느낀 점은 어떤 브랜드를 선택하는 것도 중요하지만 이미 카페들이 많은 곳에 장사를 하는 게 오히려 내 카페가 잘 될 수도 있다는 말을 해주었습니다. 그리고 덧붙여 재기를 안했으면 후회할 뻔 했다고 말해주면서 지금도 두 번째 카페 운영을 잘한 것 같다고 제게 말씀해주셨던 게 기억에 남습니다.

스터디카페로
제2의 인생을 보내고 있는 사장님

사장님은 공직 생활을 끝내고 사회에 나왔고, 노후를 위한 돈도 잘 모아놨지만 집에만 있으니, 우울감에 빠져서 힘들다고 했습니다. 그러던 와중에 아들이 스터디카페를 한 번 운영해보는 건 어떻겠느냐고 부모님께 제안을 했고, 부모님은 아들의 말을 듣고 스터디카페를 계약을 했습니다. 그리고 매일 같이 출근을 하며, 기뻐합니다. 어디에 소속되어 있는 게 이렇게 기쁜 일이라는 걸 새롭게 알게 됐다고 말했습니다. 그리고 사장님은 매출이 높은 편이 아니라 소득도 많은 게 아닙니다. 하지만 하루에 2시간 정도만 출근해서 청소만 해주고, 그 외에는 24시간 무인으로 운영하기 때문에 나이 60이 넘었는데도 매장 운영하는 게 어렵지 않다고 말해줬습니다. 그리고 지금은 매일 같이 출근을 할 수 있어서 기쁘다고 했습니다. 현재도 매장 운영을 잘하고 계십니다.

장사를 하다가
현재는 직장 다니는 사장님 이야기

예전에 만났던 치킨집 사장님 이야기입니다. 사장님께서는 직장을 다닐 때부터 큰 의욕 없이 직장을 다녔다고 했습니다. 그러다가 한 번 회사가 힘들어지는 시점이 찾아와서 원치 않게 퇴사를 했다고 했습니다. 그리고 알아보다가 치킨 집을 한 번 해보면 좋겠다고 생각을 해서 계약을 했습니다. 그때도 크게 의욕이 있었던 건 아니었다고 했습니다. 근데 치킨전문점을 운영을 해보니, 직장 다닐 때처럼 대충 일했더니, 매출이 오르지 않고, 수익이 없으니 미치겠다는 겁니다. 그래서 그때부터 정말 미친 듯이 일을 했다고 하셨습니다. 직원을 쓰기가 힘들어서 주7일을 근무했다고 했습니다. 그리고 운영을 하면서 한가할 때면 항상 **장사에 대한 공부를 미친 듯이 했다**고 했습니다. 살면서 이렇게 열심히 살아본 적이 있나? 싶을 정도로 열심히 살았다고 했습니다. 그래서 몸무게 15kg 감량했습니다. 그렇게 노력을 하니, 자영업으로 직장인보다 월급도 많이 벌게 됐습니다. 하지만 더 이상 운영하는 것에 대한 스트레스가 많아서 가게를 다른 분께 정리를 하셨고, 지금은 직장 잘 다니고 있다고 최근에 저랑 통화했습니다. 그러면서 그때 열심히 살았던 노력이 헛되지는 않았다고, 말씀을 해주셨습니다. 그때 보냈던 시간들 회사에 있을 때도 열심히 일하다 보니 승진도 하고, 인생의 의미를 자영업 하면서 찾았다고 제게 말해줬습니다.

저는 장사를 하면서 정말로 많은 사장님들을 만났습니다. 매장도 다 다르고 업종도 다 다릅니다. 하지만 하는 이유는 비슷합니다. 가장 대표적인 게 열심히 살아보고자 장사를 시작하는 분들입니다. 그렇게 열심히 해도 망한 사자님들도 물론 많이 있습니다. 하지만 많은 사장님들을 만나면서 알게 됐습니다. 자영업이라는 건 하나의 인생사와 같다는 걸요. 그리고 자영업으로 인생이 바뀐 사장님들도 정말 많이 있습니다. 그래서 자영업을 잘하는 분들은 가게를 정리해도, 다시 자영업을 하십니다. 뭐든 힘든 순간이 있었겠지만 결국 잘 이겨내서 멋지게 성장한 사장님들을 보면 제가 오히려 많이 배웠던 것 같습니다. 그래서 이번에는 자영업 하시는 사장님들의 이야기를 적어 보게 됐습니다.

PART. 04

장사하면서 돈 버는 사장님들 이야기

전문가를 통해서 계약하면 좋은 이유

가게를 계약할 때 저는 전문가를 통해서 계약해야 된다고, 생각을 합니다. 그렇게 해야 되는 이유가 몇 가지가 있는데 그 부분을 말씀해 보도록 하겠습니다.

1. 매장을 안전하게 계약할 수 있다.

저는 매장을 구매할 때 이미 매장을 해봤던 분은 전문가를 통하지 않고, 구매해도 괜찮다고 생각합니다. 하지만 가게를 처음 해보시는 분은 이왕이면 전문가의 도움을 받고, 구매를 하는 게 좋습니다. 그 이유를 말씀드려보겠습니다. 첫 번째는 프랜차이즈 회사를 통해서 계약하는 방법이 있습니다. 저는 권리금 양도양수 일을 도와드리고 있지만 가게를 제가 운영해 본 적은 없습니다. 하지만 제가 만약 창업을 한다면 저는 프랜차이즈를 선택할 것 같습니다. 왜냐하면 프랜차이즈는 체계가 잘 잡혀져 있기 때문에 그렇습니다. 물론 신규로 개인 매장을 했을 때는 비용이 확실히 적게 들어갈 수 있는 부분이 있지만 메뉴부터 마케팅 그리고 인테리어 등 모든 부분을 직접 해야 되기 때문에 어려움이 있다고, 생각합니다. 요즘은 인테리어 피해 사례도 많다 보니, 걱정이 되는 게 많습니다. 하지만 프랜차이즈 중에서 괜찮은 프랜차이즈 회사를 선별해서 계약을 하면 가게를 시작하는 난이도가 낮아집니다. 왜냐하면 본사에서 처음부터 끝까지 옆에서 다 도와주기 때문입니다. 본사가 말해 주는 대로 행동만 하면 됩니다. 매장 영업 시작하는 날까지 안전하게 오픈할 수 있다는 점에서 매장을 한 번도 안 해본 사장님이라면 프랜차이즈 점포를 운영해보는 것 괜찮다고 생각합니다.

2. 직거래로 알아볼 수 있지만 그래도 전문가를 통해서 알아보는 게 좋은 이유

매장을 구할 때 직거래로 구할 수 있습니다. 요즘은 인터넷이 잘 발달이 돼서 찾아보면 직거래로 개인 간에 거래를 목적으로 매매 글을 올려놓은 글들이 많습니다. 그렇게 올려놓은 글을 보다 보면 직거래로 알아보는 것도 괜찮겠다고 생각합니다. 하지만 직거래의 단점이 있습니다. 예비 창업자 분들께 들었던 내용입니다. 가게에 관심이 있어서 전화를 했는데, 전화로 자세한 정보를 알려주는 분이 없었고, 매장을 직접 찾아오라는 식으로 말하는 분들이 많았다고 합니다. 그렇게 찾아가서 매장에 대해서 들으면 매장이 별로였던 적이 많았다고 합니다. 그렇게 10군데 정도 매장을 방문을 했는데, 이제는 지쳐서 못 가겠다고 말을 해주었습니다. 이런 단점이 첫 번째로 있습니다. 두 번째는 어렵다는 겁니다. 일단 매장에 대한 정보를 자세히 알기 위해 직접 전화를 해서 여쭤보거나 매장을 가는 경우가 있는데 1차적으로는 뭘 물어봐야 될지 모르겠다는 겁니다. 그리고 매장을 방문 했을 때 사장님께 직접적으로 물어보고 싶은 게 많은데 물어보기가 어렵다는 겁니다. 입 밖으로 말이 안 나오는 내성적인 사장님들도 많습니다. 그리고 매장에 대해서 많이 알고, 여러 번 방문을 해야 되는데 아는 사이가 되어버리니, 손님처럼 매장을 방문을 못하겠다는 사장님들도 많이 있었습니다. 그래서 전문가를 통해서 매장을 정확하게 브리핑을 받고, 궁금한 것도 전문가를 통해서 들어보고 매장이 정말로 마음에 들었을 때 가게 사장님을 만나니깐 훨씬 좋았다고 이야기 해주는 사장님이 많았습니다.

3. 좋은 매장을 싸게 살 수 있다.

양도양수를 전문적으로 하는 컨설팅 회사도 다 경쟁 관계라고 보면 됩니다. 결국 손님은 여러 컨설팅 직원 분들을 만날 것이고, 브리핑 받은 물건 중 제일 좋은 물건을 구매할 겁니다. 그럼 구매하는 입장에서는 여러 컨설턴트를 만나서 좋은 매장을 최대한 많이 의뢰 받는 게 좋습니다. 내가 직접 알아봤을 때는 많은 물건을 봐도 잘 모르는 경우가 있지만 전문가를 통해서 매장을 알아보면 안 좋은 매장은 알아서 보여주지 않을 것이고, 계약이 될 만한 좋은 물건 위주로 보여주기 때문에 비교 분석을 통해 좋은 매장을 싸게 살 수 있기 때문에 저는 전문가 분들을 많이 만나서 물건 의뢰 받는 것을 추천 드립니다.

4. 분쟁을 해결해 준다.

권리금 계약을 하다 보면 사소한 걸로도 분쟁요소가 많습니다. 예를 들면 이렇습니다. 권리금 계약을 할 때 집기비품 모든 것을 두고, 가는 조건으로 계약을 했습니다. 그랬는데 갑자기 점주가 매장에 있는 집기비품 중 일부를 가져가는 겁니다. 그러자 계약할 때 집기 비품은 두고 간다라고 했지 않냐? 라고 했는데 본인은 다 두고 가는데, 이

건 고가의 제품이라 가져가야 된다. 라고 주장을 하는 겁니다. 그럴 경우에 당연히 분쟁 요소가 생길 수밖에 없습니다. 그리고 이런 경우가 있었습니다. 두 분이서 계약을 했는데 권리금에 재료비를 포함해서 계약을 한 겁니다. 그리고 신규 창업자가 영업하는 날 남은 재료는 두고 가는 조건으로 계약을 했는데, 잔금 날 와보니 재료가 거의 없는 겁니다. 이유를 여쭤봤더니, 매장을 운영하는 사장님께서는 본인이 많이 시킬 이유가 없었다는 겁니다. 그래서 신규 사장님은 이건 아니다. 재료는 평상시처럼 해놓고, 권리금을 내가 지급하는 게 맞는 것 같다. 라면서 재료를 본인 사비로 재료를 더 주문해라라고 이야기를 했지만 가게를 팔고 나가는 사장님은 재료를 두고만 간다고 이야기했다고 더 시켜줄 수 없다고 주장해서 서로 의견이 맞지 않아 분쟁이 됐던 사례도 있습니다. 이처럼 사소한 걸로 분쟁을 한다면 끝도 없습니다. 하지만 수년간 점포만 전문으로 양도양수를 했던 업체와 거래를 하면 신규 사장님께서 영업하는 날까지 분쟁 없이 영업을 할 수 있어서 창업 수수료를 저희에게 지급해줄 것이기 때문에 저희는 어떻게든 문제가 일어나지 않게 계약을 도와드릴 수밖에 없습니다. 그래서 전문가를 통해서 계약하면 분쟁 요소를 미리 사전에 차단하고 계약을 할 수 있어서 저는 전문가 통해서 계약하는 게 안전하게 계약할 수 있는 방법이라고 생각합니다.

매장이 마음에 들면 점주님을 만나보자

　매장이 마음에 들어도 선뜻 계약을 못하는 사장님이 많습니다. 이유는 두려움이 가득해서입니다. 가게를 막상 계약하려고 봤더니, 걱정 되는 부분들이 많습니다. 그래서 매장이 마음에 들어도 마음에 있는 장벽 (두려움)을 이겨내기 위해 계약할 시점에도 매장을 할까? 말까? 만 걱정하고 있습니다. 그러다가 어렵게 두려움을 극복하고, 계약하려고 보면 이미 해당 매장을 다른 사장님이 계약을 하는 경우가 많습니다. 1개의 매장을 계약하기 위해 두려움 때문에 최소 6개월 길게는 1년까지 가게를 지켜만 보는 사장님들이 계십니다. 그렇게 오랜

기간 검토 끝에 결정을 했는데, 계약이 됐다면 다른 매장을 알아볼 텐데, 그때도 하나의 매장을 볼 때 오랜 기간 고민을 하다 보면 가게를 결국 못하는 사장님들이 있습니다.

그래서 제가 추천 드리는 방법이 있습니다. **바로 매장을 볼 때 걱정되는 부분들을 체크리스트를 적어보라고 말합니다.** 그리고 체크리스트가 만들어 졌으면 최종적으로는 계약 전에 점주님을 만나 뵙고 매장에 대해 이야기 들어보는 게 중요합니다. 두려움이 많다는 것은 결국 매장에 대해서 걱정 되는 부분들이 있다는 겁니다. 그럼 물어봐야 됩니다.

직장도 마찬가지입니다. 신입 사원들 중에서 일을 잘하는 직원은 바로 궁금한 게 생겼을 때 스스로 해결하는 직원이 아니라 어려운 것이 생기면 바로 바로 물어보는 직원입니다. 그리고 프로젝트도 마찬가지입니다. 다들 이런 경험 한번 씩 있을 겁니다. 프로젝트를 하라고 이야기를 해서 프로젝트를 다 완성했고, 상사한테 완성된 프로젝트를 보여줬는데, 처음부터 다시 해오라는 경우 말이죠. 하지만 일을 잘하는 직원은 다시 해오라고 말하는 경우가 잘 없습니다. 왜 그럴까요? 중간보고를 잘해서 그렇습니다. 단계가 있으면 1단계를 완성하면 보고를 하고, 부족한 걸 수정하고, 그렇게 중간보고를 계속 했기 때문에 프로젝트가 완성될 때 이미 상사의 의견도 많이 들어간 상태라 흔쾌히 승낙을 했던 겁니다. 이런 것처럼 가게를 볼 때도 마찬가지입니다. 마음에 드는 매장이 있다면 점주님을 만나야 됩니다. 물론 매장이 1개의 매장만 마음에 들지는 않을 겁니다. 꽤 많은 매장들이 마음에 들 겁니다. 그러면 마음에 들었던 최종 후보지의 매장을 전문가와 함께 이야기를 해서 사장님을 모두 만나는 게 중요합니다. 그렇게 적지 않은 분들을 만나다 보면 오히려 매장 계약하는 것에 한발 더 가까이 다가갈 수 있습니다. 그렇게 제가 최종 미팅을 같이 진행을 해보면 사장님들끼리 성향이 같아야 계약이 더 잘 된다는 걸 알았습니다. 그래서 계약을 해보면 신기합니다. 호탕한 스타일의 사장님의 매장을 계약하는 분도 호탕한 스타일의 사장님이었던 경우가 있었고요. 반대로 분석가 스타일로 운영하는 사장님 매장에는 분석가 스타일의 사장님이 계약을 하더라고요. 반대로 정말로 좋은 매장인데도 가게 사장님과 구매자 분이 성향이 다르면 오히려 매장이 괜찮아도 안하는 경우를 많이 봤습니다. 결국 매장이라는 게 결이 맞는 사람들끼리 계약이 됩니다. 오히려 만나지 않았을 때보다 만나서 최종적으로 계약할지 말지 고민을 해볼 때 훨씬 더 고민이 잘 되는 모습을 많이 봤습니다. 그리고 만남 이후에 매장을 구매를 했던 사장님들은 후회를 잘 안합니다. 하지만 어떤 분은 사장님을 만나지 않고, 계약 실에서 궁금한 걸 여쭤봤는데, 분명 찝찝한 게 있었는데 계약 상황이라 정신이 없다보니, 얼떨결에 계약을 했다가 후회했던 사장님들도 있었기 때문에 저는 최종적으로 계약을 하기로 마음을 먹었다면 점포를 운영하는 사장님과 최종미팅을 하고, 이후에 2~3일 고민을 하고, 최종 결정하는 게 좋다고 생각합니다.

등기부등본, 건축물 대장 직접 확인할 수 있습니다

계약을 하려고 마음을 먹었다면 계약을 하겠다고, 바로 계약실로 가는 것도 좋지만 그것보단 저는 등기부등본, 건축물 대장은 직접 알아보는 게 어렵지 않으니, 계약 실 가기 전에 확인해보는 것을 추천합니다. 열람 방법은 간단합니다. 등기부등본은 인터넷으로 700원만 지불하면 볼 수 있습니다. 법원 인터넷 등기소에 들어가서 부동산 등기- 열람/발급을 선택합니다. 검색창이 나오면 해당 주소를 검색하면 됩니다. 그리고 등기유형을 선택합니다. 말소사항 포함을 선택하면 건물이 지어지면서부터 모든 기록이 나오고, 일부를 선택하면 현재 소유현황만 확인할 수 있습니다. 그리고 수수료 결제하면 등기부등본을 볼 수 있습니다. 등기를 보면 건물을 얼마에 매매를 했고, 그 중에서 대출을 어느 정도 받았는지 알 수 있습니다. 그랬을 때 내가 지불하는 월세를 내면 이자를 충분히 충당할 수 있는지도 확인할 수 있습니다. 만약 걱정 되는 요소가 있다면 해당 물건을 브리핑 해준 담당자님께 여쭤보면 됩니다. 근데 계약실에서 등기부등본을 보게 되면 내용을 잘 살펴보지 않고 계약을 했다가 나중에 낭패를 볼 수 있습니다. 그래서 계약 실에 계약을 하러 나오기 전에 먼저 여유롭게 **등기부등본을 확인해보는 것을 추천** 드리고 싶습니다. 계약은 안전하게 해야 되니깐요. 그리고 **건축물 대장도 확인**해보셨으면 좋겠습니다. 건축물 대장은 누구나 조회할 수 있습니다. 정부24 또는 세움터를 이용하면 됩니다. 세움터는 회원은 물론 비회원도 건축물대장 무료열람 및 발급 가능합니다. 비회원은 1건 씩 신청해야 되고, 회원은 여러 개를 한꺼번에 볼 수 있답니다. 그렇게 건축물 소재지를 선택하면 건축물 대장을 볼 수 있습니다. 건축물 대장을 우리가 확인하는 것은 위반건축물이 있는지를 먼저 알기 위함입니다. 만약 위반건축물이 있다고 하면 계약실에서 이야기를 나누는 게 아니라 사전에 먼저 확인을 해야 됩니다. 대부분 문제가 계약하는 날 발생이 되면 계약이라는 게 워낙 정신이 없기 때문에 어떻게 하다 보니 덜컹 계약을 하는 초보 창업자 사장님이 많습니다. 그리고 이후에 집에 와서 걱정이 많이 돼서 계약금을 포기하게 되면 최종적으로 구매자만 손해입니다. 그래서 **사전에 미리 확인해보고, 최종적인 결정**을 했으면 하는 마음에 이렇게 글을 적어봤습니다.

매출 자료를 정확히 확인하고, 계약하자

매장을 봤다면 제일 중요한 게 무엇일까요? 바로 **매출 자료**입니다. 매출만큼은 정확히 확인하고 계약을 해야만 계약을 하고도 후회하지 않습니다. 근데 이를 제대로 알아보지 않고, 대충 이야기 해준 것만 듣고, 그렇게 나오겠지 생각하고 계약을 했던 분들이 없는 줄 알았는데 생각보다 많았습니다. 근데 절대로 그렇게 하면 안 됩니다. 실제로 제가 만난 사장님들 중에 매출 자료를 정확히 확인하고 계약을 안 해서 후회하시는 사장님들이 많았습니다. 그럼 어떻게 매출 자료를 확인하는 게 좋을까요? 첫 번째는 홈택스에서 부가가치세과세표준증명원을 확인할 수 있습니다. 실제로 매출에 있어서 납부 세액을 증명하는 증명 서류이기 때문에 신뢰성이 있다고 볼 수 있습니다. 하지만 부가가치세과세표준증명원은 월별 매출을 알 수는 없으니깐 월 별 매출 자료를 확인하기 위해서 카드사에 전화하면 월별로 카드 매출 자료를 보내줍니다. 그것도 같이 받아보면 좋습니다. 그리고 보통 카드매출에 현금영수증 제외한 매출은 미포함이 되어 있을 수 있기 때문에 실제 매장의 포스 매출까지 받아보면 좋습니다.

이렇게 정확한 매출을 보고, 계약을 해야 됩니다. 만약 우리가 요청하는 것들을 요청 했을 때 매출은 말해주었는데 만약 자료를 주기 싫다는 사장님이 있다면 우리가 연봉을 친구들에게 조금 높여서 말한 것처럼 점주님도 그럴 수 있습니다. 만약 자료 요청해 제대로 된 협조를 안 해준다면 차라리 계약을 안 하는 게 좋습니다. 그리고 계약을 한다고 하면 정확한 자료 요청을 하고, 계약 실에서 확인을 했을 때 계약을 하는 걸 추천합니다.

시설 집기 비품 목록을 꼭 작성하고,
계약해주면 좋겠습니다

계약을 할 때 분쟁 요소가 있으면 처음부터 분쟁 요소가 일어날 일을 만들지 않는 게 중요합니다. 그 첫 번째가 저는 시설 집기 비품 목록을 서로 작성하고, 계약을 하는 것이 중요하다고 말씀 드리고 싶습니다. 그래야 계약을 하고 나서 딴 말을 하지 않습니다. 그래서 항목별로 적어 달라고 요청하는 게 좋고, 그래도 걱정이 된다면 계약을 한 뒤 다음날 매장을 방문해서 매장 사진을 한 번씩 찍겠다고, 말해주는 것도 좋습니다. 그리고 양도 제외 품목도 정확히 적어달라고 말씀을 해주셔야 합니다. 실제로 앞에서 설명을 했던 것처럼 시설 집기 비품

을 적지 않아서 진금 날 에 양도인이 가져가는 물품으로 양수인과 다툼이 있었던 적이 많았습니다. 누구도 한 치의 양보도 없으면 어쩔 수 없이 소송까지 갈 수 밖에 없습니다. 그러니 꼭 계약할 때는 시설 집기 비품 목록을 작성하고 계약 하시 길 바랍니다.

3km 반경 이내에 동일 업종은
안하는 걸 특약으로 꼭 넣으세요

3km 반경 이내에 동일 업종은 안하는 걸 특약으로 꼭 넣어야 되는 이유가 있습니다. 이유는 사장님께 가게를 팔고, 근처에 같은 업종으로 매장을 오픈할 수도 있기 때문에 그렇습니다. 그래서 예전에 싸움이 많이 났습니다. 한 분이 오랜 기간 운영하는 카페를 내놨습니다. 개인 카페였고, 많은 분들께 아지트처럼 소문이 많이 나는 추억의 카페였습니다. 손님도 많았죠. 그랬던 가게를 신규 사장님께 가게를 넘겼습니다. 그리고 얼마 지나지 않아 바로 옆에 새로운 카페가 들어왔습니다. 기존 매장에 단골로 있던 고객 분들은 당연히 새롭게 생긴 카

페에 호기심이 생겼고, 새로운 매장으로 많은 손님들이 이탈했습니다. 근데 알아보니, 내게 매장을 팔았던 사장님이 오픈을 했던 겁니다. 이런 경우가 있기 때문에 그래서 저는 특약사항에 이 조항을 넣는 걸 추천 합니다. 만약에 특약 넣는 걸 거절하는 분이면 근처에 동일 업종을 할 생각이 있다는 걸 알고 계약하는 게 중요합니다. 그렇기 때문에 매장 점포 계약할 때 이 문구를 꼭 넣고 계약하는 걸 추천합니다.

권리금에 재료비는 포함이 아닙니다

권리금은 말했듯이 분쟁이 일어나면 되지 않기 때문에 재료비는 포함되지 않았다고 보시면 됩니다. 포함하게 되면 문제가 생기기 때문에 그렇습니다.

예를 들어보겠습니다. 어떠한 가게에 평소 재료비가 500만 원 정도는 항상 있다고 가정해보겠습니다. 그런데 권리 계약을 하고, 잔금 날에 더 이상 본인이 영업을 하지 않는데 누가 잔금 날에도 500만 원 정도가 되는 재료비를 내버려둘까요? 저는 없다고 봅니다. 오히려 더 시키지 않고, 최소한으로만 주문합니다. 그렇게 되면 잔금 날 딱 100

만 원 정도의 재료비만 남겼다고 가정을 해보겠습니다. 그렇다면 예비 창업자의 입장에서는 기존 사장님이 괘씸해 보일 수 있습니다. 그러면 이렇게 요구하겠죠. "재료비 400만 원 정도 더 주문하세요. 그러면 권리금 잔금을 드리겠습니다." 라고 말하면 기존 사장님 중에서 어느 누구보다 추가 주문을 하지 않으려고 할 겁니다. 남은 재료비가 권리금에 포함이라고만 했지 정확한 걸 기재하지 않았다는 이유겠죠. 그러면 이 또한 서로 양보를 하지 않으면 소송할 수밖에 없습니다. 그렇기 때문에 **계약을 할 때는 재료비 미포함으로 계약을 하고, 재료비는 잔금 전 날에 정산**하는 걸로 합의하면 됩니다. 만약 재료비 포함으로 권리금을 안 깎아주려는 사장님이면 차라리 재료비는 별도 정산하고 단 돈 얼마라도 권리금 깎아달라고 하는 게 훨씬 좋습니다.

월세 보증금 인상 여부 미리 확인하자

    권리금 계약은 건물주 분과 계약하는 게 아니라 기존 사장님과 신규 사장님이 두 분이서 계약을 하는 겁니다. 보통은 권리 계약을 하고, 이후에 매장 부근에 있는 부동산에 연락을 해서 건물주 사장님과 만나서 임대차 계약을 합니다. 하지만 여기서 권리 계약을 할 때 중요한 게 있습니다. 바로 월세 보증금 인상 여부를 확인해야 된다는 겁니다. 기존에 있는 임차인한테는 월세 인상 여부가 법적으로 정해진 한도 내에서 올릴 수 있지만 신규 임차인이 바뀔 때 신규 계약이라 월세를 올리려고 하는 분들이 있습니다. 부동산을 방문하기 전에 권리금

계약을 했다면 월세 보증금 인상 여부는 충분히 분쟁 사유라고 볼 수 있습니다. 그렇기 때문에 권리금 계약을 할 때 사전에 건물주 분과 이야기해서 보증금 월세 인상 여부를 정확히 여쭤보고 말해달라고 하는 게 중요합니다.

프랜차이즈 양도양수 과정을
알려드리겠습니다

저는 양도양수가 주 업무이고, 프랜차이즈 매장을 주로 계약을 해 왔습니다. 그래서 이번에 제가 계약했던 절차를 말씀 드리려고 합니다.

1. 매장을 브리핑 받는다.

1차적으로 괜찮은 매장을 고객 분이 선택을 해서 계약을 합니다.

2. 권리금 계약을 합니다.

제일 중요한 순간입니다. 결국 권리금 조율이 되지 않으면 계약은 의미가 없습니다. 그렇기 때문에 권리금 조율을 해서 계약을 하는 게 첫 번째입니다. 그리고 권리금 조율을 하기 전에 매출 자료도 확인을 해야겠죠. 그렇게 확인을 다하고, 권리 계약을 합니다. 이때 프랜차이즈 본사에 사전에 매도인 통해서 전화를 시켜 본사 들어가는 비용 그리고 임대인 분께 통화를 해서 보증금 월세 인상 여부까지 확인을 하고, 권리금 계약을 체결합니다.

3. 부동산 통해서 임대차 계약을 합니다.

권리금 계약이 끝나면, 건물주 분께 양수인이 구해져서 매장을 정리하겠다고, 말하고 신규 임차인과 동행에서 부동산을 통해 임대차 계약을 합니다. 그때 최종적으로 월세, 보증금 인상여부를 확인하고, 건물주 분이 요청하는 특약사항을 기제 해서 계약을 합니다.

4. 프랜차이즈 본사에 말합니다.

프랜차이즈 본사에 말하면 본사 담당자 분과 만나서 계약을 합니다. 이때 정보공개서, 가맹계약서를 진행합니다. 계약을 바로 하고, 해약을 하는 분들이 있어서 본사에서 바로 교육을 진행하지 않고, 정보 공개서 를 수령 후 2주 후 본 계약을 진행한다고 보면 됩니다. 그리고 본사 가맹점 계약을 체결합니다.

5. 위생교육수료증, 보건 증 발급

2주 동안 아무것도 안하는 게 아니라 나중에 인수인계를 잘 받기 위해서 보건 증을 발급을 받아야 됩니다. 그리고 위생교육수료증을 받아야 됩니다. 위생교육수료증은 교육장에서 방문해서 교육을 받아야 되고, 일정 날짜가 있기 때문에 바로 알아보고, 신청하는 게 좋습니다.

6. 영업 신고증 및 사업자 등록증을 신청합니다.

위생교육수료증, 보건증이 발급이 되면 이제 향후 인허가를 위해서 영업 신고증 및 사업자등록증을 신청하러갑니다. 영업 신고증은 보통 지위승계로 하기 때문에 양수인과 양도인께서 함께 방문을 합니다. 그리고 그날에 사업자등록증을 신청합니다. 신규 사장님은 사업자등록증을 신청하고, 기존 사장님은 보통 예정일에 맞게 폐업 예정신고를 한다고 보시면 됩니다.

7. 본사 교육을 받습니다.

본사 교육은 1주~2주 정도 본사 교육장에 출근해서 메뉴를 배웁니다. 많은 분들이 처음에 내가 과연 잘할 수 있을까? 걱정합니다. 하지만 본사를 방문하면 걱정하지 않을 만큼 교육이 잘되어 있으니깐 마음 편하게 교육을 받으면 됩니다.

8.매장에서 인수인계를 받습니다.

본사 교육을 했지만 매장 실무적인 노하우를 배우는 것도 중요합니다. 교육과 실무는 다르거든요. 바쁜 시간에는 어떻게 시간을 효율적으로 운영 하는지?에 대해서 배울 수 있습니다. 처음 창업을 하려는 분들은 양도 양수할 때 빠르게 계약하는 것도 좋지만 본사 교육을 충분히 받고, 매장에 대해서 실무적인 교육도 받으면 훨씬 더 잘 운영하실 수 있을 겁니다.

9. 잔금 그리고 영업 시작

이제 모든 준비가 끝났습니다. 이제 영업 날이 되었네요. 본사라면 본사 직원 분들이 처음 영업할 때 도와주는 분들도 있습니다. 그리고 보증금, 권리금, 공과금 그리고 남은 재료비까지 정산하면 됩니다. 이제는 편히 장사를 시작하면 됩니다. 양도양수로 가게를 하는 모든 사장님들을 응원하겠습니다.

에필로그

간절하지 않으면 장사는 안했으면 좋겠다

  창업컨설팅 일을 하기 전에 저는 장사를 해보지는 않았지만 장사를 하시는 분들이 어린 마음에 돈을 다 잘 벌어간다고 생각했습니다. 하지만 창업컨설팅 일을 하면서 생각이 많이 바뀌었습니다. 장사를 잘한다고 생각했던 매장들이 장사가 안 되는 경우를 많이 봤습니다. 제가 만난 사장님들은 모두 다 우리 주변에 쉽게 볼 수 있는 평범한 분들이었습니다. 그리고 다들 매장 계약을 했을 때 표정을 잊지 못합니다. 다들 다양한 이유로 시작하지만 모두 처음 시작할 때 다들 잘될 거라는 꿈이 있는 어린아이와 같은 표정을 짓고 계약실에서 계약을 합니다. 그리고 누구보다 일찍 출근하고, 늦게까지 열심히 장사를 합니다. 그렇게 장사를 해서 인생이 바뀐 사장님들이 많습니다. 그분들은 제게 장사를 시작하지 않았으면 어땠을까? 라면서 장사를 잘했다고 말해줍니다. 하지만 잘 알아보지 않고, 쉽게 창업하는 분들 중에서는 장사를 하고 후회를 하시는 분들이 실제로 장사를 잘했다라고 말한 분보다 훨씬 많았습니다. 하지만 문제는 투자한 금액을 누가 주겠다고 해야 손해를 안보고 정리하는데 장사가 잘 되지 않아 정리하는데 내가 투자한 금액을 주겠다는 분들은 없고, 손해보고 정리하면 몇 천만 원 혹은 몇 억을 손해를 보게 되니, 힘들지만 운영을 계속 하는 사장님들이 많습니다. 그리고 가게를 정리하는 분들은 가게를 정리할 때 잘 몰랐던 부분으로 인해서 손해보고, 정리하는 분들 역시 많이 봤습니다.

이런 실수를 많은 분들이 겪는 건 주변에서 창업에 대한 이야기를 제대로 이야기해 주는 분들이 없어서 그렇지 않을까? 라는 생각을 해봤습니다. 그래서 저는 제가 오랜 기간 창업컨설팅에서 일하면서 많은 사장님들을 만나면서 느낀 점을 이야기 해보면 창업을 시작하려는 분들 그리고 가게를 정리하는 분들께 제 이야기가 도움이 되지 않을까? 라는 생각으로 글을 적어보게 됐습니다. 많은 책을 보면 자영업을 실제로 하고 있는 분들의 이야기가 많습니다. 저는 실제로 장사를 해본 적은 없습니다. 간혹 양도양수 일을 오래했으면 좋은 매장이 있다면 먼저 계약을 하고 싶은 생각이 들지 않냐? 라고 물어보는 사장님들도 많습니다. 하지만 저는 장사가 쉽지 않다는 걸 알고 있습니다. 그래서 저는 자영업을 하는 사장님들을 존경합니다. 그렇게 오랜 기간 자영업 하시는 사장님들을 제가 직접 만나면서 많은 이야기를 들으면서 내가 해줄 수 있는 메시지들이 있지 않을까? 라고 생각해서 제가 느낀 이야기를 들려드리면 좋겠다고, 생각해서 글을 집필하게 됐습니다. **자영업은 현실**이라고 생각합니다. 그러니 제 책을 보고, 조금은 더 간절한 마음으로 창업에 접근했으면 좋겠습니다. 자영업은 절대로 쉽게만 바라보면 안 된다고 생각합니다. 앞으로 자영업을 준비하는 분들 혹은 자영업을 하는 분들께 도움이 되었으면 좋겠다는 마음으로 책을 집필해보게 됐습니다.

아무도 알려주지 않는 장사 이야기

초판 1쇄 발행 | 2024년 11월 22일

지은이 | 유치훈
펴낸이 | 김지연
펴낸곳 | 마음세상

출판등록 | 제406-2011-000024호 (2011년 3월 7일)

ISBN | 979-11-5636-584-6(03190)

원고투고 | maumsesang2@nate.com

* 값 16,800원